文物事业高质量发展案例研究

国家文物局 编

文物出版社

图书在版编目（CIP）数据

文物事业高质量发展案例研究 / 国家文物局编 . -- 北京 : 文物出版社， 2023.12
ISBN 978-7-5010-8250-6

Ⅰ . ①文… Ⅱ . ①国… Ⅲ . ①文物工作—研究—中国 Ⅳ . ① K87

中国国家版本馆 CIP 数据核字（2023）第 214653 号

文物事业高质量发展案例研究

编　　者：国家文物局

责任编辑：陈　峰
封面设计：刘　远
责任印制：王　芳

出版发行：文物出版社
社　　址：北京市东城区东直门内北小街 2 号楼
网　　址：http://www.wenwu.com
经　　销：新华书店
印　　刷：宝蕾元仁浩（天津）印刷有限公司
开　　本：787mm × 1092mm　1/16
印　　张：11.5
版　　次：2023 年 12 月第 1 版
印　　次：2023 年 12 月第 1 次印刷
书　　号：ISBN 978-7-5010-8250-6
定　　价：128.00 元

序 言

高质量发展是全面建设社会主义现代化国家的首要任务，是以习近平同志为核心的党中央锚定新时代新征程党的中心任务、基于我国发展内外部环境的深刻变化、全面把握现代化建设的共同特征和中国特色而提出的重大判断、作出的重要部署，也是谱写中国式现代化文物新篇章的关键途径。党的十八大以来，习近平总书记前所未有高度重视文物保护利用和文化遗产保护传承，作出一系列重要论述和指示批示，为守护文化遗产、传承中华文明指明了前进方向、提供了根本遵循。

新时代全面推动文物事业高质量发展，必须立足新发展阶段，着力解决文物事业发展不平衡不充分问题、满足人民日益增长的美好生活需要、推动社会主义文化强国建设、赋能经济社会发展；必须完整准确全面贯彻新发展理念，以创新、协调、绿色、开放、共享的内在统一来把握发展、衡量发展、推动发展，加大文物保护力度、强化文物管理责任、加强文物价值研究阐释、提高文物利用水平、让文物活起来；必须构建新发展格局，立足经济社会发展大局，主动顺应百年未有之大变局，塑造以活力动力能力建设为核心、转变发展方式的新局，完善党委领导、政府负责、部门协作、社会参与、全民共享的格局，坚持质量第一、效益优先，促进各级各类文物得到有效保护，文物治理能力治理水平显著提升，文物价值挖掘深入浅出，文物利用别开生面，文明交流互鉴丰富多彩，展现文物工作新气象新作为，把文物事业发展成果转化为生活品质，不断增强人民群众的获得感、幸福感、成就感。这是文物事业发展的必由之路。

全国文物系统深入贯彻落实习近平总书记关于文物工作的重要论述和指示批示精神，扎实推进文物保护利用工作。以创新为动力，不断深化文物领域供给侧结构性改革，破除体制机制束缚，解放和发展文化生产力。围绕坚持马克思主义基本原理同中华优秀传统文化相结合、谱写中国式现代化的文物新篇章等探索理论创新；在文博学科建设和人才培养激励，文物法治建设、资源管理、安全督察、社会文物管理等方面谋求实践创新；在文物基础研究和急用关键共性技术攻关应用、专有装备研制推广等方面实现科技创新。以协调为支撑，促进公共文化服务均等化标准化便捷化，统筹文物保护与经济社会发展。凝聚多方力量，均衡配置资源，补短板、挖潜力，统筹文物保护与城市提质、乡村振兴、民生改善；推动文物工作融入黄河流域生态保护和高质量发展、长三角一体化发展、粤港澳大湾区建设等重大区域发展战略；探索军队文物、工业遗产、农业遗产、线性文化遗产、尚未核定公布为文物保护单位的不可移动文物等保护利用。以绿色为底色，积极探索绿色低碳发展方式，节约资源、提高效益，推动人与自然和谐共生。参与城乡建设绿色转型，推广文博单位低碳运营、精细化管理；推行低碳建造方式、低碳技术，传承文物保护传统材料、营造技艺。以开放为路径，深化文物领域国际交流合作，以文物故事展现可信、可爱、可敬的中国形象，共建人类命运共同体。主动策划选题，开展文物出境展览，展现中国话语和中国叙事体系。配合“一带一路”倡议，开展联合考古、文物保护修复，扩大中华文化影响力。以共享为目标，主动盘活用好文物资源，积极践行以人民为中心的发展思想。深化文物资源免费共享、素材共用、知识共研、共同开发；出台奖励补助、减税降费、贷款贴息、购买服务等政策，吸引社会力量参与；强化文物价值研究阐释，丰富展览、教育、研学、文创、鉴定等高品质、多样化产品与服务供给。文物工作取得良好成效，更好满足人民精神文化需求，丰富全社会历史文化滋养。

2023年，国家文物局首次开展文物事业高质量发展案例遴选推介工作，系统梳理新发展阶段、新发展理念、新发展格局在文物事业的基本特征，着重关注创新、协调、绿色、开放、共享的新发展理念在文物工作的典型场景，面向社会公开征集推介案例。各地高度关注，积极申报，31个省区市和新疆生产建设兵团文物行政部门及中央有关单位共申报案例256项，涵盖了政策法规、文物安全、保护管理、考古发掘、博物馆、革命文物、社会文物、科技教育、人才培养、交流合作等各个方面。其中，“工业遗产活化利用 服务美好生活”“考古学（文物全科）人才培养 让基层文保后继有人”等10个项目获评十佳案例，“构建展览叙事体系 用心用情用力讲好中国故事”“‘文物保险+服务’创新文物管护模式”等10个项目获评入围案例。这些案例展示出文物工作立足新发展阶段、贯彻新发展理念、构建新发展格局的积极探索，导向正确、举措得力、成效显著、群众满意，是全面落实新时代文物工作要求、助推文物事业高质量发展、助力中国式现代化的鲜活实践，具有较高的引领示范、宣传推介价值。在2023年“文化和自然遗产日”向社会公布之后，受到广泛关注，为全国文物事业高质量发展提供了有益参考。

《文物事业高质量发展案例研究》付梓在即，我们要继续深入学习贯彻习近平文化思想，贯彻落实党中央关于坚持保护第一、加强管理、挖掘价值、有效利用、让文物活起来的工作要求，全面提高文物保护利用和文化遗产保护传承水平，全力推进文物事业高质量发展，为推动文化繁荣、建设文化强国、建设中华民族现代文明、实现中华民族伟大复兴作出积极贡献。

国家文物局副局长　陆　进

2023年12月

目录

CONTENTS

工业遗产活化利用
服务人民美好生活

北京市文物局　北京市石景山区文化和旅游局　首钢集团有限公司

分区施策、以保定建，实现工业遗存保护与改造利用双赢

服务国家重大活动，提升冬奥会、服贸会文化品质

文物保护融入经济社会发展大局，探索城市更新路径

首钢作为中国近现代工业发展的缩影之一，经过百余年发展留下大量代表钢铁业发展的工业遗存。首钢园区改造工作与首都功能提升、中心城区疏解的历史进程同频共振，紧抓冬奥机遇，在尊重原有工业遗产风貌的基础上对老工业厂房进行功能改造和空间更新，激发传统工业空间的使用潜能，完成由钢铁冶炼、封闭空间向现代服务、开放融合全面转型，推动文化复兴、产业复兴、生态复兴和活力复兴，贡献北京“双奥之城”建设，实现了工业遗产保护与改造利用的双赢。

一　统筹遗产保护与利用

首钢园区改造工作延续首钢“百年钢铁之城、新中国冶金工业摇篮和改革开放旗帜”核心历史文化价值，坚持“能保则保、能用则用”，率先开创以“保”定“建”、分类保护的新路径，在制定和执行改造工作规划的过程中，注重结合历史文化价值评价，梳理建（构）筑物历史价值及文化价值等，确定园区内强制保留工业资源36项，建议保留工业资源42项。

对工业遗存采取分区分策的保护利用策略，划定核心保护区、文化传承区和风貌协调区。对首钢核心历史文化价值的重要空间载体的核心保护区，以“保”为主，进行保护式修补，鼓励功能活化，重规划引领及精准实施，从整体规划到项目深化、从综合专项到要素管控、从规划到实施，不断破解转型发展的难题，围绕首钢全过程转型发展，形成有系统、有重点、有特色的深度规划建设实践。

园区尊重工业遗存的风貌，通过利旧改造、绿色织补，

首钢3号高炉

架空管廊改造成空中步道

深挖其文化价值，积极融入奥运元素，走出一条具有“首钢特色”的工业遗产再利用之路。比如将曾经存放炼铁原料的筒仓、料仓改造为冬奥组委办公区，内设冬奥主运行中心和交通指挥中心，成为冬奥“大脑”；将精煤车间、转运站等大型厂房改建成短道、花滑、冰壶、冰球“四块冰”，成为国家冬季运动训练中心；特别是首钢滑雪大跳台与冷却塔等工业遗存融为一体、交相辉映，将中国传统文化、工业文化和奥运文化完美地结合在了一起，获得中国建设工程鲁班奖，被国外媒体誉为“工业迪士尼”，在冬奥会上大放异彩等。

以首钢西十冬奥广场项目为例，该项目是首钢北京园区第一个改造项目，将高炉炼铁物料存储区域的老工业厂房改造成为冬奥组委办公区。项目设计通过“忠实地保留”和“谨慎地加建”，呈现静态保护和动态更新相结合，采用“织补”“链接”和“缝合”的设

西十冬奥组委办公区

计手法，把原有结构空间作为主要功能空间使用，而把楼电梯间外置，这样既不打穿原有楼板，又通过加建补强了原结构刚度，同时，通过碳纤维、钢板和阻尼抗震撑等手段对原有主体结构加固以适应新的功能需求，类似结构构件也成为建筑立面核心表现的元素。轻质的石英板材和穿孔铝板的使用也契合了改造建筑严控外墙材料容重的原则，避免给原有结构带来过大结构负荷。由此，建筑造型呈现出了“保留”和“加建”的不同状态，表达了对既有工业建筑的尊重，让原本的“炼铁料场、筒仓”变身为具有独特风貌的“办公空间”“文化秀场”。

二　赋能城市更新发展

首钢园区结合产业定位，将冬奥资源转化为园区发展动能，通过重大活动带动，全面提升功能形象，积极引入新业态、新模式、新场景，自觉融入北京“四个中心”功能建设，在重大项目落地、产业集聚、活力释放等方面均取得积极成效。首钢园现已整体建成石景山景观公园、冬奥广场、工业遗址公园三大片区，

服贸会首钢园展区

中国科幻大会

形成约95万平方米空间载体，基本形成“山—水—工业遗存”特色景观体系，被列入第一批中国工业遗产保护名录，成为集商业、科技、体育、文旅等多种业态于一体的高端产业综合服务区和跨界融合的都市型产业社区。

园区围绕“科技+”和“体育+”产业，成为北京科幻产业的集聚区，同时也是Web3.0和人工智能等细分领域产业的集聚区；举办服贸会、科幻大会等大型会展活动，成功打造服贸会3.0版本，服贸会期间首钢园累计在园人数44.58万人次；中国科幻大会连续3次落地首钢园，尤其是2023年科幻大会正式纳入“中关村论坛”，规格进一步提升；首钢1号高炉·元宇宙乐园即将落成，华夏银行数字科技大厦项目开工，中关村科幻产业创新中心正式运营，六工汇等商业空间开业运营；举办首发首秀、全民体育赛事等活动40余项，入园客流增长7倍以上。目

前，已有200多家相关领域企业和商户入驻园区，引入数百家高精尖企业，形成集餐饮、酒店、零售、展览、体验等多元场景于一体的特色消费生态。

三　服务人民美好生活

首钢园区借势冬奥会强化综合服务功能，提升区域发展活力，切实将冬奥资源转化为园区发展动能。通过服务冬奥“大本营”，承接滑雪大跳台世界杯、冰壶世界杯总决赛等20余项国际重大赛事活动，接待、组织、运营等综合服务能力得到全面提升。冬奥组委搬离西十冬奥办公区后，园区继续做好工业遗产和冬奥遗产可持续利用，从服务保障冬奥向场馆赛后利用转变，从服务冬奥向服务城市更新和人民美好生活转变。

▼首钢园“山—水—工业遗存”共存的景观格局

冬奥会后，首钢滑雪大跳台率先向社会开放，已有100余万人参观了首钢滑雪大跳台；规划建成滑雪大跳台展室，精彩展示大跳台区域的“前世今生”，进一步弘扬北京冬奥精神和冬奥文化；把大跳台纳入北京市党员教育培训现场教学点建设，传播冬奥知识，突出冬奥特色；连续举办冰墩墩雪容融裸眼3D形象视频首发、“体总杯”3V3篮球赛、斯巴达勇士飓风赛、北京新年倒计时等活动。首钢冰球馆举办中国电视剧“飞天奖”“星光奖”颁奖

2023北京新年倒计时

西山永定河文化节

盛典。首钢园最新打造的秀池“秀冰场”，面积约3.2万平方米，可同时容纳近500人进行冰上活动。2023年春节期间，首钢园总入园人流量达20.6万人次，总销售额达960.9万元，其中初一入园流量达到最高峰达4.3万人次。园区通过挖掘冬奥遗产价值，与工业遗存利用有机结合，增加活动频次、扩大活动规模，为园区发展注入新动能，已举办相关各类活动400余场。

近年来，首钢园区还入选全国关心下一代党史国史教育基地、工业文化研学实践教育基地，园区内青少年研学队伍随处可见。大众还可以走进三高炉一层“全民畅读”文化空间，这里有独一无二的钢结构书架、环绕钢铁炉芯的“时空彩带”、赏心悦目的文创产品，诱人的“巨炉咖啡”“高炉雪糕”“钢渣冰激凌”……入夜，五彩灯光将焦炉、煤仓、料仓等工业遗存装点得又酷又美，展览夜赏、非遗夜游、音乐夜听、书香夜读、美食夜享……如今的首钢园区，山水与人文深度交融，历史文脉与现代文明交互辉映，开启了从“工业锈带”到“活力秀场”的华丽转变，更好地服务人民美好生活。

从工业遗产到冬奥遗产，首钢园区以奥运会促进城市老工业区改造复兴，以奥林匹克运动推动城市发展，加快工业遗产再利用和工业区复兴。未来，园区还将进一步推进北京国际科技创新中心的首钢高地和北京国际消费中心城市的首钢支点建设，持续推进工业遗产和冬奥遗产可持续利用，加快“厂区”“园区”向“社区”“街区”转变，持续聚人气、增流量，实现更好的消费带动、消费驱动，推进园区高质量发展，加快产业复兴、活力复兴，打造“一起向未来”的城市复兴新地标。

首钢园区的改造和利用工作，尊重工业遗产原有的风貌，分区施策、以“保”定“建”，借势冬奥，响应城市发展规划，举办国际国内重要赛事及重大会议论坛活动，实现工业遗产保护与利用双赢，是文物保护融入经济社会发展大局、赋能城市更新发展、服务国家重大活动、满足人民美好生活需要的重要实践，是工业遗产再利用和工业区复兴的典范。

考古学（文物全科）人才培养让基层文保后继有人

山西省文物局　山西大学

精准发力，解决人员短缺问题

专业设计、全科培养、实践育人

免费就读、定向就业、全域覆盖

党的十八大以来，我国推进新时代文物人才建设，加强文物人才教育培养工作，文物人才发展体制机制日臻完善，人才结构不断优化，规模数量大幅扩大，素质能力明显提升。然而，山西省全国重点文物保护单位数量居全国第一，仍存在基层文保人才总量不足、专业人员缺乏等问题。面对本省基层文物保护受制于人手、人才两缺的困境，山西省贯彻落实党中央精神，不断加强文物保护人才队伍建设，于2022年5月出台《文物全科人才免费定向培养实施办法》，计划在“十四五”期间通过定向招生、免费培养、定向分配，为县级及以下基层文博单位培养600名文物全科人才，入职后直接为事业编制，从根本上解决基层文保人才缺失的问题。

一　围绕基层现实问题，加强顶层谋划推动

山西是文物资源大省，据第三次全国文物普查，现存不可移动文物53875处。截至2021年7月，可移动文物320余万件，文物数量多、分布广、品质高，长期以来，文物保护任务繁重，基层文物保护队伍专业人才严重缺乏。一

方面，县（市、区）以下的地域空心化较严重，基层的工作环境较差、待遇不高，人才吸引力不足，引进困难，也很难留住人才，再加上“老文物人”逐渐退休，县（市、区）文物保护和考古工作机构专业人员严重缺乏。另一方面，基层现有人员大多未从事过文物保护和考古工作，专业能力不足，有些县（市、区）因机构改革，机构人员合并，机构超编又无法引进符合要求的专业技术人员，文物保护和考古工作开展步履维艰。从事基层文物保护工作的考古人才总量与山西的文物资源大省地位不相称，无法满足新时代文物事业发展的需求。因此，“田野间的孤军”仍是山西许多地方基层一线文保工作者的写照。

为深入贯彻落实习近平总书记关于文物保护和考古工作重要论述和重要指示批示精神，加强基层文物保护队伍建设，2022年5月，山西省文物局联合省委编办、省教育厅、省财政厅、省人社厅，公布了《文物全科人才免费定向培养实施办法》，明确从2022年起，由山西省文物局和山西大学联合实施，通过定向招生、免费培养、定向服务，连续5年面向全省117个县（市、区）定向培养600名文物全科人才，毕业后直接到县（市、区）

陶器制作实验课

级及以下文物保护事业单位定向就业，以期有效缓解基层文博单位专业人才严重匮乏、保护利用队伍力量薄弱的难题。

“两定一免”是该办法制定的核心内容以及实施的重要前提，也是山西为切实解决基层文保人才缺失问题的大胆尝试。定向招生是指根据各县基层文博单位编制情况确定招生数量；免费培养是指学生在校学习期间免缴学费、住宿费、教材费、实习费和生活补助，由省财政负担；定向服务是指文物全科人才毕业后直接到生源地所在县级及以下文物单位定向就业，入职后直接为事业编制。如此，既为基层单位培养了人才，也为学生解决了就业问题。

二　结合文物资源特点，因地制宜培养人才

据第三次全国文物普查数据，山西有不可移动文物53875处，其中古建筑28027处，约占52%；古遗址13477处，约占25%；近现代重要史迹及代表性建筑6715处，约占12.5%；古墓葬4298处，约占8%；石窟寺及石刻1112处，约占2%。此

山西大学招收2022级各市文物全科学生比例图

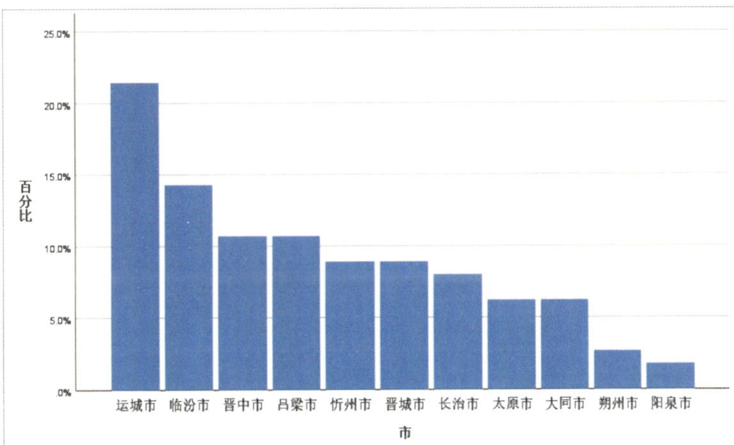

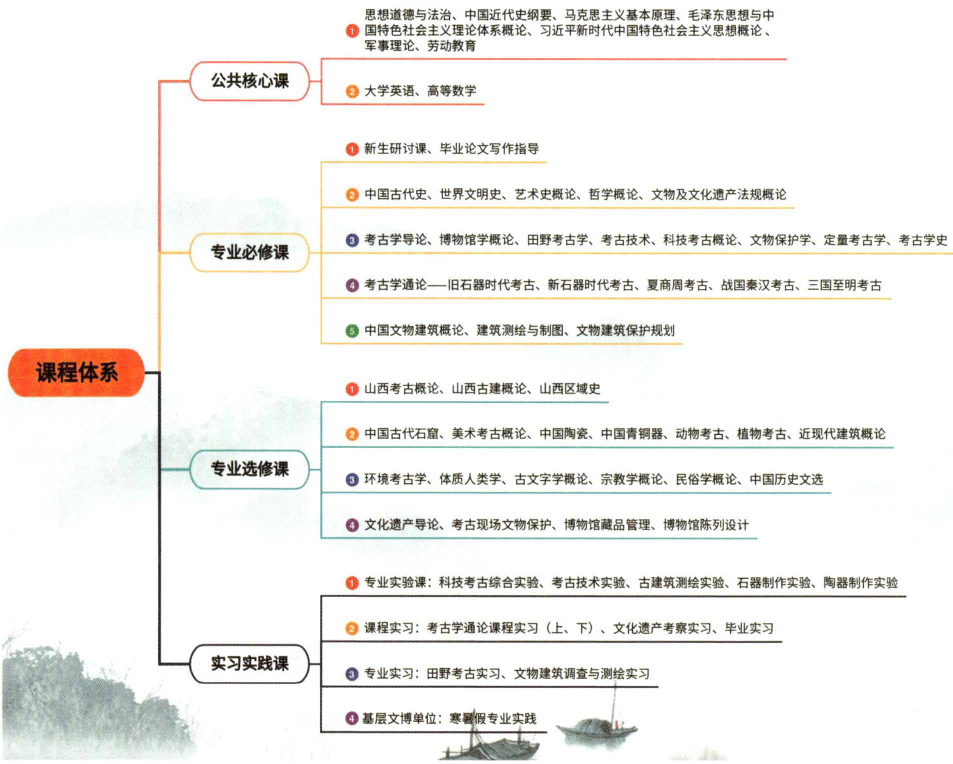

考古学（文物全科）人才培养课程体系

外，省内各地文物资源分布不均衡，阳泉市有各类不可移动文物1100余处，而临汾市各类不可移动文物多达8300余处。文物资源分布密度不一，对文保人才的需求量也各有不同。文物全科人才的配置和培养为适应山西文物资源现状，切实解决各地人才问题，做到了因地制宜。

根据各地文物资源密度，分配学生名额。山西全省11个地市均分布有不同数量、不同时期的古建筑，其中晋城市、临汾市、长治市、吕梁市、运城市古建筑数量在2000处以上。2022年9月山西大学招收第一批文物全科本科生112名，根据各县（市、区）文物资源和基层工作人员情况合理分配名额，分布于山西省11个地市75个县（市、区）。

结合山西文物资源特点，制定培养方案。在多次调研的基础上，科学制定“2022级考古学（文物全科）专业人才培养方案”，结合山西“地上文物资源丰富，古建筑遗存全国冠首”的特点，课程设置以考古学和文物建筑学为主，旨在培养学生掌握考古学和文物建筑的基础知识、基本理论、方法和技能，能够从事田野考古发掘、资料整理、编写发掘报告，以及文物建筑测绘与保护，并具备进行考古科学研究的初步能力。同时增加了世界文明史、艺术史、哲学方面的课程，进一步开阔学生们的国际视野，提升人文素养。

三　完善人才培养制度，创新精细化培养模式

考古学（文物全科）专业培养方案更侧重培养模式的改进与创新。一是考古学（文物全科）学生单独编班，配备一名专职

考古新发现进校园系列讲座

辅导员和两名班主任，每名学生安排一名专业指导老师。山西大学考古文博学院成立了文物全科工作专班，坚持并认真落实全员育人、全过程育人、全方位育人的“三全”原则，针对学生的个性差异，因材施教，指导学生的思想、学习与生活。二是通过辅导员专题讲授、《新生研讨课》课程、院校领导“新生第一课”讲座等多种教育形式，一方面加强对学生思想政治引导，以积极正向的心态应对大学四年的学习与生活，另一方面增进学生对专业的了解，引导学生掌握专业学习的方法与技能。三是通过与学生座谈、进行问卷调查等方式，及时了解并掌握学生思想及专业学习方面的相关动态，进而对有关问题进行及时、有效地解决。四是加强文物行政部门、基层文博单位与高校间联系，及时沟通学生学习成效，协力培养适合在山西省各个县级及以下文物考古机构从事考古、文物和博物馆等方面工作的应用型专门人才。

四　强化实践教学内容，持续输出田野人才

“考古学（文物全科）专业人才培养方案”旨在为山西省县级及以下文物单位培养德才兼备的应用型专业人才，因此，实践性、实操性是文物全科人才培养的关键和突出特点。课程体系以宽基础、重实践为特色，在田野中教学，在实践中育人。四年的培养中，两年半用于理论学习，一年半用于实践教学。以田野考古实习和文物建筑调查与测绘实习为基础，让学生接受从勘探、调查、发掘、采样、清洗拼对、资料整理、撰写发掘报告到文物建筑测绘、编写保护规划等全过程的严格训练，并定期引进有丰富田野教学经验的教师为学生打好底子，使学生一毕业就能够基本满足基层工作需求，承担考古、文物建筑和博物馆三方面工作任务。

从2022年起，山西将连续5年面向全省117个县（市、区）

考古工地现场教学

博物馆现场教学

定向培养总计600名文物全科人才，毕业后直接定向就业，如果人员稳定，这600名文物全科人才将为山西未来30年的基层文物保护工作提供强有力支撑，既提升了基层文博机构专业工作能力和研究水平，也是在文博学科建设和人才培养方面的一次创新，筑牢基层人才队伍根本，助力基层考古文保事业后继有人，营造出一批新时代文物工作者扎根基层、接续奋斗的繁荣盛景，具有践行新时代文博事业高质量发展的引领性和示范性。

山西大学与山西省文物局联合开展的考古学（文物全科）人才培养计划，围绕基层文保人才紧缺现状，紧贴山西文物资源特色，通过省校合作、顶层谋划，依托“两定一免”办法，计划5年时间为基层定向培养文物全科人才600名，切实解决山西考古机构和文物保护人才缺乏问题，加强山西基层文保力量。这一创新性基层文保人才培养模式，对全国加强基层文物保护队伍建设、促进新时代文物人才可持续发展具有示范意义。

社会文物流通管理综合改革 畅通海外文物回流渠道

上海市文物局

文物市场监管改革排头兵

社会文物政策创新示范区

社会文物保护利用新高地

随着《国家文物局 上海市人民政府共同推进社会文物管理综合改革试点合作协议》于2020年11月正式签署，社会文物领域系统性改革在上海率先启动。三年来，上海立足城市发展战略定位，聚焦创新扶持政策和优化监管服务，发挥基层单位和市场主体的积极性、创造性，围绕社会文物保护展示、资质审批、标的许可、鉴定管理、文物回流、人才培养、进出境审核管理等方面出台创新举措，为畅通海外文物回流通道、壮大推进国内文物市场发展和民间文物收藏提质升级累积经验，探索出一条独具特色的社会文物保护利用路径。

一　改革税收政策，解决海外文物回流堵点

2020年10月12日，财政部、海关总署和税务总局三部委联合发布了《关于中国国际进口博览会展期内销售的进口展品税收优惠政策的通知》，规定在进博会展期内，每个境外展商销售“艺术品、收藏品及古物”类展品，可享受5件以内的税收优惠政策，免征进口关税、进口环节增值税和消费税。上海市文物局与中国国际进口博览局、上海市商务

第四届中国国际进口博览会文物艺术品板块现场

第五届中国国际进口博览会文物艺术品板块现场

委员会、上海海关、国家外汇管理局上海市分局、中国（上海）自由贸易试验区管理委员会保税区管理局等部门通力合作，建立工作机制，加强政策衔接，理顺交易流程，完善服务保障，切切实实打通落实政策“最后一公里”，使得近年来中国文物的回流量大幅度提升。

2020年第三届进博会期间，5件古书画成交额220万元人民币，免征14.13%进口关税及进口环节增值税，共计减免29.76万元，免税政策取得“零的突破”；2021年，9家境外文物艺术品经营机构的41件展品完成交易，总成交额7.6亿元；2022年，9家境外展商的37件文物艺术品达成购买意向，总成交额4.9亿元。

二　开放交易平台，拓宽文物市场发展模式

2021年以来，依托上海市浦东新区的制度基础、开放优势、战略地位和资源禀赋，上海市文物局与浦东新区相关部门共同推进“上海国际文物交易中心”建设，全方位展现上海更开放的政策、更优质的服务、更活跃的市场，增强上海文物艺术品市场的全球资源配置能力。一方面，从硬件服务、政策支持、平台搭建等方面，促进文物市场主体资源、人才资源、藏家资源等快速集聚；另一方面，发挥全球最大的文物艺术品保税服务综合体——上海国际文物艺术品保税服务中心的硬件优势，强化保税仓储、运输、展示等配套功能。

2021年，交易中心已吸引16家知名企业落户入驻，通过该中心进出境的文物艺术品货值超170亿元。2022年3月，佳士得“上海—伦敦联合拍卖”中，上海、伦敦两地三个专场共呈现105件拍品，成交总计约合21亿元；在同年11月开幕的第四

▼ 上海国际文物艺术品保税服务中心

届上海国际艺术品交易周上，佳士得宣布2023年上海拍卖计划，苏富比正式宣布中国内地总部落户上海，富艺斯作为中国国际文物艺术品交易博览会参展机构与主办方签署合作协议。

三 探索创新制度，优化文物市场营商环境

为巩固拓展社会文物管理综合改革的创新实践成果，打造最优营商环境，解决社会文物拍卖市场痛点，上海市坚持顶层设计与实践摸索相结合，推出一系列文物艺术品交易制度创新举措。

2023年第五届上海国际艺术品交易周亮相纳斯达克

完善制度体系 2022年8月，上海市人大常委会表决通过《上海市浦东新区文物艺术品交易若干规定》(以下简称《规定》)，并于10月1日起施行。《规定》以社会文物管理综合改革取得的阶段性实践成果为基础，是全国首部社会文物领域的地方性法规。《规定》明确在浦东新区设立上海国际文物艺术品交易服务中心，并将文物临时进境“6个月×N”制度、文物鉴定专业人员培养体系、文物艺术品保税展示交易、文物市场信用监管机制等改革创新实践从立法层面予以明确。

优化营商环境 在文物拍卖行政审批方面，完成审批流程优化再造，整合推出“我要举办文物拍卖会”一件事；在推动市场转型方面，推出文物拍卖领军企业扶持计划，重点围绕线上拍卖新业态，引导各类经营主体进入良性发展轨道。

服务长三角文物市场 在立足本区域的基础上，上海市文物局牵头协调江苏省、浙江省、安徽省文物局，共同签署《长三角文物市场一体化规范发展战略合作框架协议》，建立全国首个区域性文物市场一体化规范发展合作体系，主动服务长三角文物市场一体化高质量发展。与上海海关共同制定《上海海关 上海市文物局关于执法罚没文物移交工作备忘录》，在罚没查扣文物拣选、鉴定、移交等方面，建立长效工作机制。

四 健全监管机制，规范文物市场有序发展

为促进形成开放、活跃、诚信、有序的文物市场新格局，上海市围绕提升社会文物治理体系和治理能力现代化水平，建立健全社会文物领域相关管理机制。

建立服务中心监管机制 针对创设的服务中心，后续将通过上海市文物局制定的服务中心管理办法和服务中心制定的相关交易规则，加强交易主体和交易活动的有效监管，形成政府管服务中心、服务中心管拍卖企业的监管模式，实现服务与管理相结合。

文物进出境审核查验

建立文物鉴定专业人员培养机制 针对文物商店、文物拍卖企业缺乏鉴定人才和现有人员专业适配度低等问题，明确由上海市文物局制定文物鉴定专业技术人员培训、考核、惩戒管理办法，指导社会文物行业协会定期举办文物鉴定专业技术培训，对考核合格的人员颁发合格证书。

构建以信用为基础的文物市场新型监管机制 搭建全市统一的信用信息监管平台，制定信用分级分类管理办法，根据企业许可、备案、日常监督检查结果、违法行为查处以及企业公共信用综合评价等情况，评定其信用等级，并作为实施差别化分类监管的依据，让守信者“降成本、减压力”，让失信者“付代价、增压力”。

五　开展公益鉴定服务，激发文物市场活力

鉴于广大市民对文物鉴定咨询有较大需求，同时法律法规中对文物鉴定的审批和资质存在着真空地带，2017年

民间收藏文物公益鉴定咨询服务现场

3月以来，上海市文物局在深入调研的基础上，先后组织10家单位面向社会开展民间收藏文物公益性鉴定咨询服务，同时制定《上海市民间收藏文物鉴定咨询推荐单位工作规程》，作为此项工作的具体操作依据。民间收藏文物公益性鉴定咨询服务坚持正面引导、主动服务、专业护航，全力保障人民文化权益、提高全社会文物保护意识。2017年至今，已累计接待收藏爱好者五万余人次，无偿鉴定藏品总数超十万件。此项工作既保障了文物收藏爱好者的正当权益，又增强了人民群众依法收藏文物的意识，取得了良好的社会效益。

上海市社会文物管理综合改革工作，历经3年实践，系统推进、积极探索、多方努力，使上海民间文物收藏和文物市场发展实现重大跨越，由“先行先试”逐步走向“先行示范”。推动群众收藏更加理性、企业经营更加规范、市场环境更加清朗、市场规模稳步提升、市场活力显著增强，为社会文物管理全国范围内的改革积累经验。

上海作为全国唯一的社会文物管理综合改革试点城市，在国家文物局的指导下，统筹推进文物流通、文物鉴定、文物进出境等社会文物治理领域的改革，在社会文物管理体制、促进机制、开放路径、政策体系、监管制度、服务模式等方面先行先试，改善社会文物营商环境，促进市场流通交易日趋活跃，改革成效逐步显现。

依托科技+精细化管理 赋能博物馆绿色低碳转型

苏州博物馆

以科技创新，实现设备节能运行

以精细化管理，践行管理绿色理念

与高校、社会力量联动，推动运营绿色发展

党的二十大报告强调“推动绿色发展，促进人与自然和谐共生”。2022年11月，国家文物局公布新版《博物馆运行评估标准》，将“落实国家节能减排、绿色发展相关要求，积极推动博物馆基础设施、设备节能化改造和低耗能运行，助推碳达峰、碳中和重大战略实施的情况”作为全国博物馆运行的评估指标之一。苏州博物馆成立于1960年，年均观众接待量约250万人次，在运营中长期面临着高能耗、高运行费用、高碳排放等问题。苏州博物馆迎难而上，在现有设计基础上摸着石头过河，力争探索创建国内首座有影响力的运行碳中和博物馆，从运营管理和技术赋能两方面着手，探索出一条依托“科技+精细化管理”的博物馆绿色发展新路径。

一　探索低碳转型路线，践行绿色发展理念

加强顶层设计　《苏州博物馆事业发展“十四五”（2021-2025）规划》确立“到2025年打造安全、协同、绿色、智能的智慧博物馆”的长远目标，并提出了本馆实施低碳改造项目的规划。通过增强全馆绿色低碳发展的行动自

老虎天窗有效通风、提高采光

觉，形成长效机制，从规划引领到压实部门责任再到办公习惯养成，运用精细化管理理念，在全馆上下推行实施绿色低碳环保行动，夯实绿色发展思想根基。苏州博物馆提出适合博物馆的“零碳能源利用系统”，即2源1储1终端，探索分布式零碳高效热泵供热与可再生电力资源的耦合，并设计零碳工程实施路线图，实现碳排放逐步下降。

零碳能源利用系统

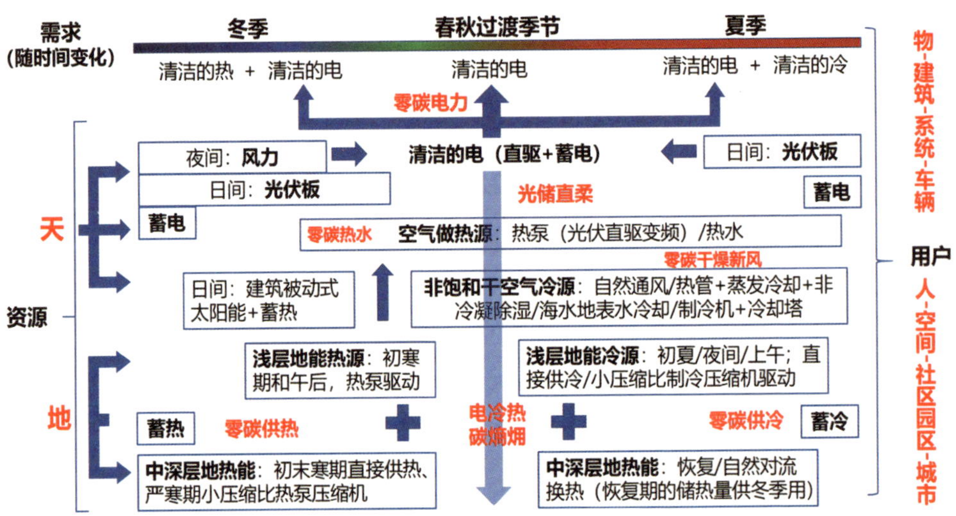

苏州博物馆办公区充分利用自然采光照明

完善制度规范 通过制定《绿色低碳制度规范（试行）》，从制度层面稳步推进绿色办公、绿色施工、绿色采购，有序开展节能改造、功能提升、整合优化，不断降低运维成本。将建立行业标准作为项目的重要产出成果，一方面加强标准与博物馆基础设施的融合发展，夯实标准化工作基础，助推技术与管理水平的提升；另一方面加快科技创新成果向标准转化的步伐，有效提升科技项目形成标准研究成果的比率。

落实管理责任 在绿色建筑的标准下，工程设备部严把质量关，首选耗电量低的设备用于更换或维修；信息技术部通过智慧化博物馆建设，强化办公OA软件的使用，助推无纸化办公。在部门《目标责任书》中将节能的责任具体化、明确化，落实到位并定期对标检查、及时处理，运用精细化管理理念对规划目标进行分解细化，培养员工“人走关灯、人离关电、双面打印、节约用水”的意识。

二　推行科技化与精细化，实现设备节能运行

为全面了解本馆能源消耗情况和存在的能耗问题，苏州博物馆与专业团队合作，通过十余次现场的测试以及近三年统计数据的分析，最终形成《苏州博物馆能耗审计及节能诊断报告》，并设计出了针对性强、可行性强的运行碳中和更新实施方案。

引进全工况变流量高效冷却塔　采用全钢结构开式横流冷却塔，配置高效自适应变流量喷头（国内和国际专利），形成自适应变流量的高效布水系统，能自适应高效变流量范围为额定流量的15%-125%。具有管路简单、水力自平衡、自适应流量、维

自适应变流量喷头

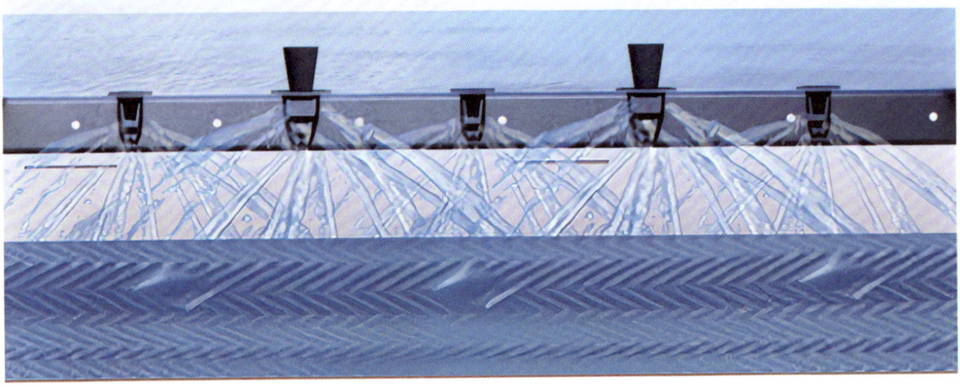

更换之前六台冷却塔风机

更换后两台冷却塔风机

更换之前的冷却塔

更换后两台冷却塔

护简单等4大优势，预计可降低25%以上电能消耗。此外，冷却塔风机由原来的六台缩减至现在的两台，极大地节省了室外机房面积，为后续电驱动热泵的安装预留空间。

燃气锅炉改为电驱动热泵 结合高效冷却塔更新工程，以电驱动热泵技术（专利技术）替换燃煤热力发电的燃气锅炉，强制分配高效壳管换热器+直径为7mm的内螺纹导热铜管的新型换热翅片，换热系数大幅提升，充分发挥机组性能；同时采用R410a环保冷媒，不破坏臭氧层，运转更高效。该技术是一种环保、节能、低碳的新型能源技术，具有减少碳排放、提高能源利用效率、稳定可靠、使用寿命长等优势。目前这一工程正在有序推进。

优化控制主设备及配套设备间 用1台350RT磁悬浮冷机（冷水机组为专利技术）替换1台未更换的定频主机，并与冷却塔协同控制，强化供水温度、流量与湿度控制协同。磁悬浮机组具有超高能效、无油润滑、低占地、低配电等诸多优势，环境友好型冷媒R134a充注量少且安全无毒，对臭氧层0破坏，是新一代冷水主机的典型代表，比传统机组节能20%以上，解决了高效设备低效运行的问题。目前正在推进更新高效冷站群控及能源管理系统工作。

数字化控制平台

分区分时精细化管理 对每一个AHU（空调箱）进行定制调控，专项优化新风系统，实现“博物馆内不同区域零碳温湿控制调节”，逐步消除空调箱出现的冷热抵消问题。设计自控逻辑，根据负荷自动调整出力的自控系统区分，并用不同的冷机控制藏品和展品放置区及办公区，如满负荷工作变频机供给藏品和展品区，占空比开启的冷机或小冷机为办公区供冷，无人时不供冷，实现高效节能。

推进建设适合室内能源、环境与碳排放数字化控制平台 通过搭建室内环境控制、能源消耗和碳排放为综合控制目标的数字化管控平台，改变依靠人力控制调节室内能源使用及环境情况，大大提升了智慧化控制的水平，从而实现供给侧和需求侧的精确匹配，降低能耗损失。

三 联合社会力量，推动绿色低碳发展

苏州博物馆秉持开放共享的理念，在项目的实施过程中积极引入高校、社会力量参与共建，分解细化实施目标、落实责任、对标检查，最终形成可复制、可推广的技术指南及节能减排工作标准，扩大社会影响，助推可持续化运营。

与高校强强联合 2021年，苏州博物馆与清华大学建筑学院签订节能合作协

苏州博物馆坚持绿色发展理念

议，确立绿色发展合作项目，发挥出各自在建筑遗产保护、建筑节能减碳、文物保护技术等多方面的专业优势，共同推进博物馆领域文物节能保护和减碳工程技术的创新，助力博物馆高质量绿色发展。

吸引社会力量参与 苏州博物馆即将出台的《博物馆节能减碳工作指南》，不仅从管理及技术层面对博物馆双碳工作提出标准化的要求，也为整个博物馆领域的低碳节能精细化管理和技术创新两方面的发展方向和路径，更是通过博物馆平台成为绿色社会建设的重要推手，吸引社会力量参与博物馆节能减碳工作，倡导全社会树立绿色发展理念、落实节能低碳行动，引领社会各领域精细化、科学化推进双碳工作。

苏州博物馆“依托科技+精细化管理赋能绿色低碳转型”项目，依托优化设备运行和创新精细化管理理念双向并行，实现科技创新、管理创新和工程创新，积极稳妥推进本馆运营达到碳达峰、碳中和。这是“双碳”目标先行示范的重要尝试，也是博物馆运营绿色转型的生动实践。

丝绸之路数字文物共享平台促进文明交流互鉴

中国丝绸博物馆

Silk Road Online Curating

研究型、国际化、全链条、时尚范

联袂18个国家、55家文博机构
共建“丝路数字博物馆”

策展设计比赛，扩大传播，提升影响，
促进文明交流互鉴

丝绸之路数字博物馆（Silk Road Online Museum，简称SROM）是由中国丝绸博物馆（简称国丝）于2021年发起、18个国家55家相关文博机构参与共建的丝绸之路主题数字博物馆项目，目前已有涵盖古今中外、类型齐全的数字文物近6000件，吸纳了超80，000名注册用户。SROM以丝路精神为引领，以国际化视野、数字化手段、多元化受众，打破了传统体制机制和时空壁垒，促进丝路沿线博物馆之间的交流与合作，突破了实体藏品与线下空间的局限，再造文化遗产领域资源共享和展览合作模式，拓展文博社会教育渠道，构建了一个集收藏、展览、教育以及策展功能于一体，永不落幕的“云上博物馆”，为丝路文化交融互鉴开辟了一个新路径，推动“一带一路”共建共享。

一　以丝路为媒，共建“丝路数字博物馆”

国丝是以中国丝绸为核心，聚焦“丝绸考古历史”和“丝绸之路”纵横两条主线，以研究型、国际化、全链条、时

“霞庄云集：来自丝绸之路的珍品”海报

首个在丝绸之路数字博物馆“云上策展”平台策划的展览——“霞庄云集：来自丝绸之路的珍品”

尚范为四大特色，兼顾古今中外纺织服饰文化遗产的收藏、保护、研究、展示、传承、创新的国际知名博物馆。早在2013年，习近平主席正式提出共建“一带一路”倡议后，国丝就以丝绸为切入点，实施了丝绸之路文化研究传播的系列举措。2015年起，国丝牵头成立“国际丝路之绸研究联盟”并成为主席单位，历经7年多发展已有17个国家45个机构及学者参与。自同年开始，国丝连续9年每年推出丝绸之路主题系列展览，其中“锦程：中国丝绸与丝绸之路”“众望同归：丝绸之路的前世今生”两次荣获全国十大精品展。2019年6月，国丝成立国际丝绸之路与跨文化交流研究中心，并提出建立SROM的目标。2021年1月至4月，国丝分别在泉州和香港两次会议上正式发出共建SROM的倡议，并得到英国大英博物馆、美国克利夫兰博物馆、俄罗斯国家历史博物馆、中国敦煌研究院等国内外40余家文博机构的热烈响应。2021年第二届丝绸之路周期间，SROM正式上线并推出揭幕展“霞庄云集：来自丝绸之路的珍品”，该展览以“丝路地图”为序章，分为“草原丝绸之路”“沙漠绿洲丝绸之路”“海上丝绸之路”“佛教丝绸之路”4个章节。自此，一个基于三维虚拟空间，跨越国界，集合了丝路沿线博物馆的收藏、展示、教育三大基础功能和即时策划实施展览的核心功能，真正意义上的数字博物馆诞生了。

“国际丝路之绸研究联盟”成立仪式合影

二　以数智化理念，构建数字文物共享平台

与实体博物馆一样，数字博物馆的基础是藏品，为此，国丝牵头制定了SROM藏品数据收集与使用规范，并与丝路沿线18个国家50多家知名博物馆签订藏品授权和合作协议，打破各博物馆在线下所受到的机制、语言、空间、文化等方面的局限。数字博物馆能够全面节省借展流程，实现馆际数字化合作，共享数字资源，降低运输成本和风险，让平时不易示人的藏品资源通过数字化呈现出来，使得策展难度大、运输费用高的国际展或大型展成为可能，比如SROM上线后推出的第一个展览，其文物材质多达30余种，其中不乏需要海关重重检视的国宝级珍贵文物，包括难以运输的壁画、易碎器皿。截至目前，丝路数字文物共享

丝路特色数字藏品

三维虚拟场景搭建

平台上的“数字藏品”集合了涵盖不同时间、不同空间、不同材质、不同题材的数字藏品2600余件，以及宋韵文化策展库数字文物3300余件。

同时，国丝与行业领先的技术公司深度合作，创新引入三维虚拟场景随心设计、场景快速专业打光、一键渲染漫游视频、数字展览全景漫游等前沿数字技术，使SROM具备了数字藏品、数字展览、数字知识和云上策展四大板块完整的数字博物馆体系。

三　以云上策展为手段，促进文明交流互鉴

云上策展是整个SROM的核心。为此，国丝与行业领先的技术公司深度合作研发“云上策展工具箱”，开发了系列展具和装饰素材库，为打造直观易用的云上策展平台提供了强大技术支撑。策展人可自由选取平台上的数字藏品、数字知识等资源，在云上策展平台实施即时内容策展和形式设计，形成数字展览并纳入资源库。SROM自上线以来，不断探索多元化公共策展模式，通过策展大赛连接世界，促进文明交流互鉴，向国际展示中国，向世界传播深厚的中国文化，展示中国当代策展人的创意与热情，以及中国数字媒体技术发展的顶尖成果。

2021年丝绸之路周，揭幕文物精品展的同时推出了“丝绸之路与数字化策展”策展人研修班，以线上与线下相结合的方式，通过学术、展览、特展、数字化策展四个板块，让博物馆和高校的相关从业和研究人员深入体验“云上策展”平台，建立了SROM的第一批专业级用户。

2022年丝绸之路周，国丝推出第一届“SROM丝绸之路云上策展大赛”，吸引了国内外120余所高校和20余座博物馆及广大设计师群体的关注和参与，600余支参赛队伍报名，参赛总人数超过1000人。国际博物馆协会在布拉格大会上发布了SROM专题英文海报，肯尼亚国家博物馆邀请大赛获奖展览在线展出。同时，基于SROM平台策划的“丝绸与丝路：从杭州到帕特森”等系列云展作品在美国等各大国际平台展播，以数字融合推动文明交流互鉴不断深入。

2022年11月至2023年1月，国丝在浙江省文物局指导下，推出“宋韵策展大赛”，共有402支队伍、1000余

“丝绸与丝路：从杭州到帕特森”展览

“SROM 丝绸之路云上策展大赛”海报

2022宋韵数字策展大赛

人报名参赛，其中高校队伍238支，设计师队伍164支，涵盖北大、清华等著名高校在内的国内外高校115所，数融文物库专题页浏览量超6万，数融文物收藏量达41.4万，平台新增注册用户1.8万，新增策展库数字文物3300余件，完成浙江省一级馆展厅空间数字化库14个。

SROM海上丝绸之路云上策展大赛颁奖晚会现场

2023年丝绸之路周，“SROM海上丝绸之路云上策展大赛”于今年5月份启动，吸引了国内外50余所高校、10余家博物馆以及广大设计师群体积极参与，超过200支队伍报名，参赛总人数达800人。

第四届“丝绸之路周”于2023年7月12日开幕，主宾国为匈牙利。“丝绸之路周”期间，国丝推出“文明大观：丝绸之路上的敦煌”“丝路绮粲：16-17世纪匈牙利艾斯特哈兹家族服饰展”等一系列主题展览。10月24日，“2023丝绸之路周”收官活动在匈牙利布达佩斯正式举行，主题展

策展大赛获奖作品

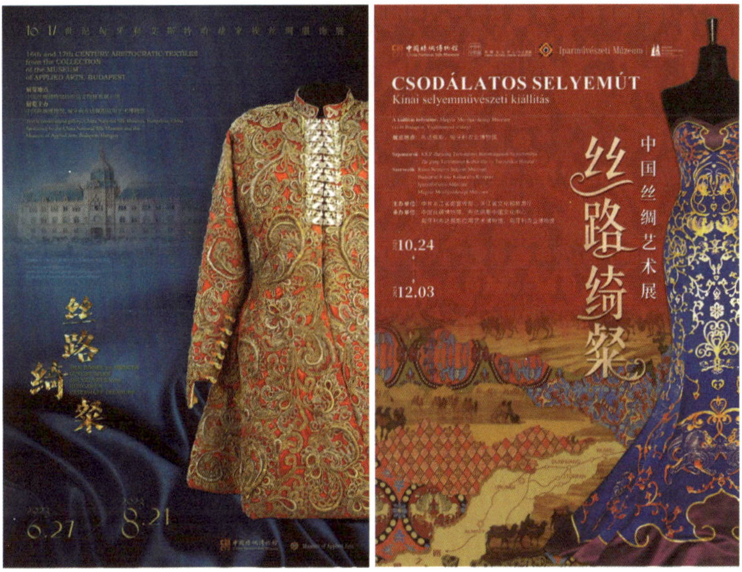

“丝路绮粲”展览海报

览“丝路绮粲——中国丝绸艺术展”当日在匈牙利国家农业博物馆开幕，“国丝环球展柜”项目启动。

未来，国丝将总结以SROM为核心的博物馆数字融合理念，通过SROM开放共享的合作模式，探索在SROM上建设“云上中国展厅”，将展厅的主题从“丝绸之路”延伸至中国文化的方方面面，不断彰显中华文化的独特性与吸引力。同时，进一步提升SROM 平台的开放性和互动性，持续举办系列国际化、多样性、高规格的策展大赛，不断提升平台影响力和用户体验感。

中国丝绸博物馆以丝绸为媒，把握数字化创新发展变量，深入整合丝绸之路文博资源，发起创建SROM，与18个国家、55家文博机构共建共享“丝路数字博物馆”、丝路数字文物平台，持续探索多元化公共策展模式，通过“云上策展”、共享数字资源，向世界传播中国文化，促进文明交流互鉴，为讲好中国故事、展现中国话语和中国叙事体系提供先进经验。

多学科研究与保护推动建设中国特色中国风格中国气派的考古学

四川省文物考古研究院

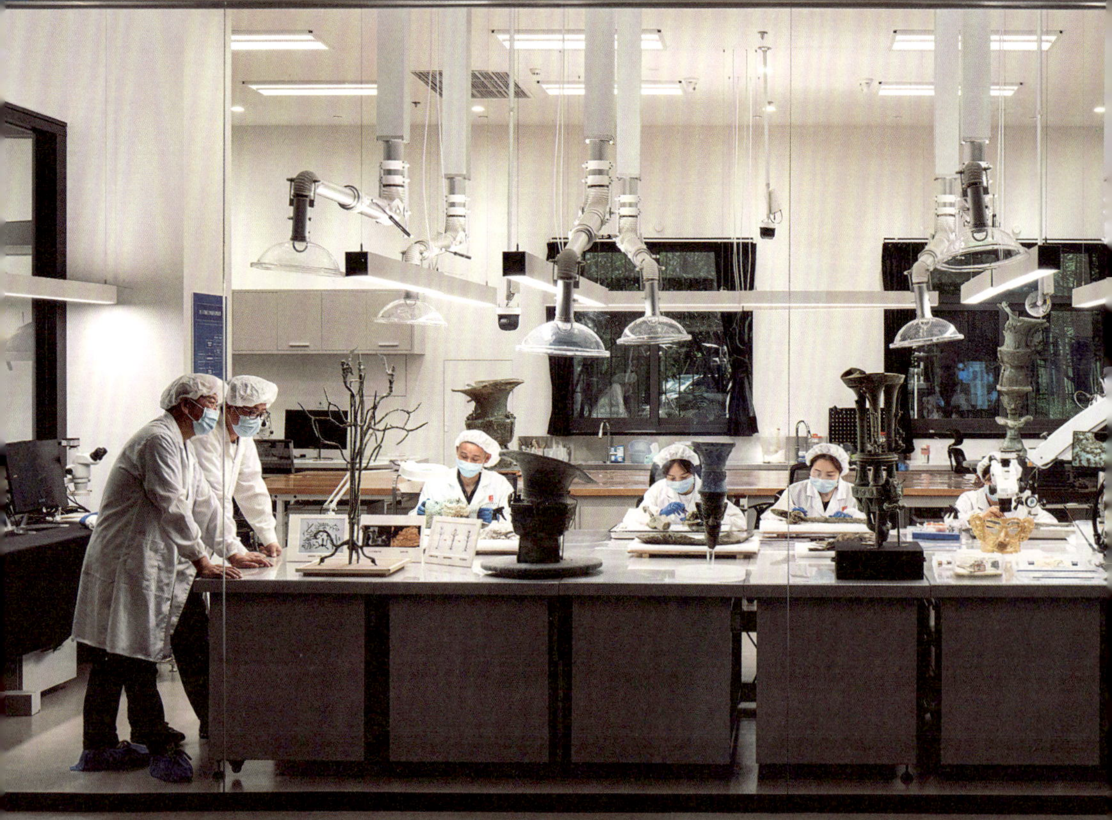

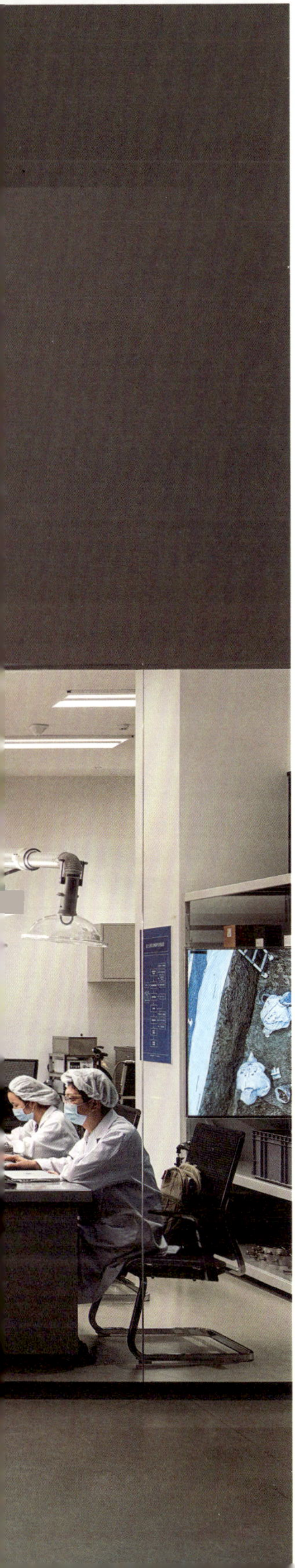

课题预设　保护同步

多学科融合　多团队合作

全景式展示传播　开放式文物修复

四川省文物考古研究院联合全国45家科研单位共同开展三星堆遗址祭祀区域考古勘探工作与多学科联合攻关，始终秉持“课题预设、保护同步、多学科融合、多团队合作”理念，利用传统技术与现代科技相结合的方法高效实现考古项目共享、共用、共研、共育的目标，是践行中国特色中国风格中国气派的考古学的生动实例。阶段性考古成果为进一步揭示古蜀文明面貌、构建长江上游早期文明的发展脉络，为中华文明多元一体、古蜀文明与中原文明相互影响等，提供了更为有力的考古实证。三星堆遗址是“中国百年百大考古发现”“2021年度全国十大考古新发现”项目，并入选第一批国家文物保护利用示范区名单。2023年7月26日，习近平总书记在考察三星堆博物馆新馆时强调“三星堆遗址考古成果在世界上是叫得响的，展现了四千多年前的文明成果，为中华文明多元一体、古蜀文明与中原文明相互影响等提供了更为有力的考古实证”。

一　立足中国实践的科技考古彰显中国特色

中国现代考古学植根中国丰富多样的自然地理环境、深厚的文化底蕴，着重于了解中国百万年人类史、一万年文

3号坑器物层正射影像图

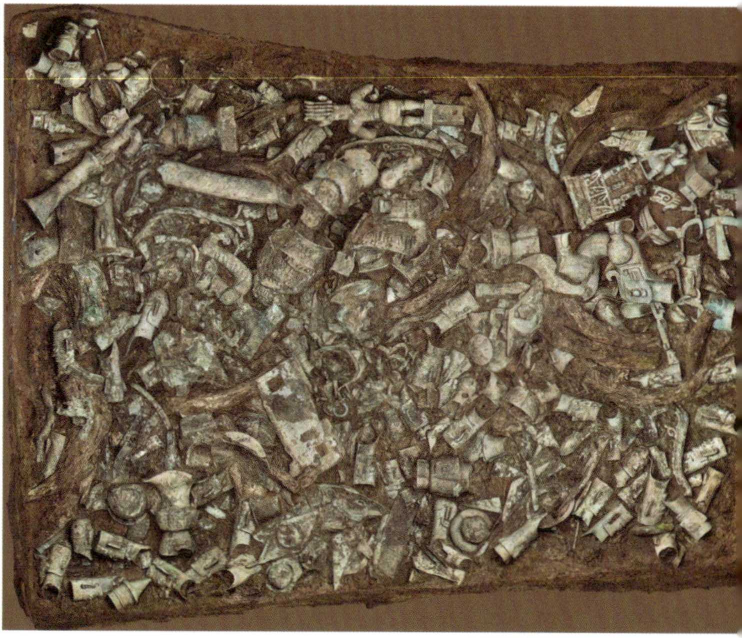

8号坑器物层正射影像图

化史、五千年文明史等命题，创造性地发展出一整套独具特色的中国考古学理论、方法、技术体系。三星堆遗址祭祀区考古即是在这一体系下紧密结合新时代新技术的生动实践。

考古发掘 对祭祀区及新发现6座祭祀坑开展精细化发掘，利用考古集成平台避免发掘过程直接接触发掘对象，利用信息采集系统对发掘场景和出土文物进行最大化信息提取，极大地保护了脆弱质文物，从而取得了重大成果：初步摸清了祭祀区的分布范围和内部布局；6座“祭祀坑”出土编号文物17000余件，较完整器物4800余件，部分文物的造型和纹饰前所未见；结合层位关系、出土器物以及碳十四测年结果初步判断，K3、K4、K7和K8的年代距今约3200年至3000年，K5和K6年代稍晚。

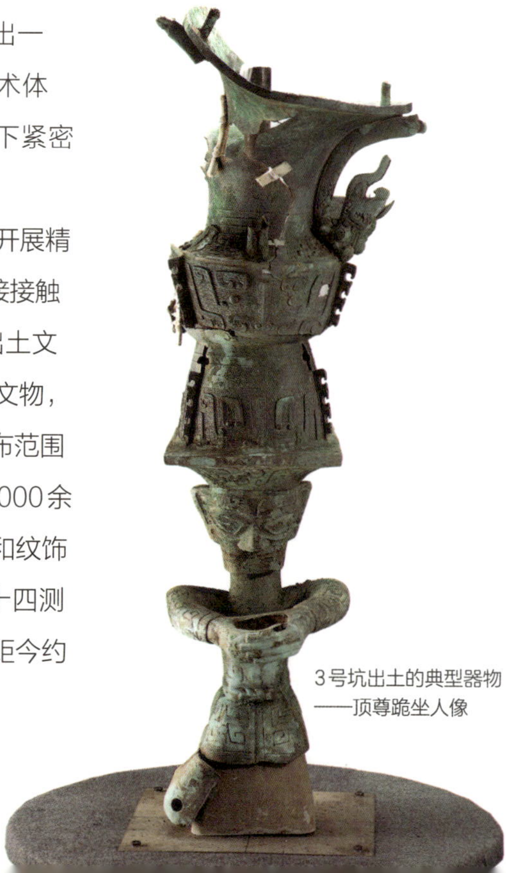

3号坑出土的典型器物
——顶尊跪坐人像

现场保护 以祭祀坑埋藏环境监测数据为依据、出土文物最优保护及考古信息最大化提取为目标，构建了“决策管理、预防性保护、应急保护、安全防护”为一体的现场保护体系。建立了集环境监测、温湿度调控、空气质量维护、考古平台发掘、信息采集于一体的装配式多功能考古舱，实现了考古与文物保护装备散点技术的整体集成与创新。根据三星堆文物埋藏环境与出土状况，制定了出土青铜器、玉石

考古发掘平台装备扫描仪

装备式考古发掘舱

考古发掘平台

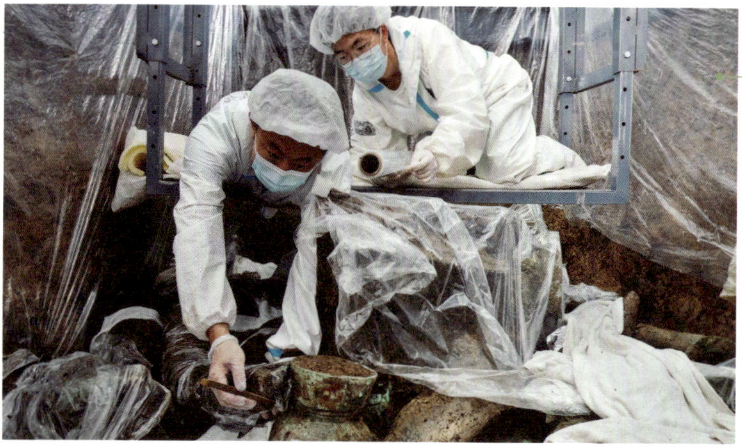

出土文物现场保护

器、象牙等各类器物的现场保护规程，初步形成了各类出土文物保存状况的监测体系。

文物保护修复 根据国家文物局对《三星堆文化遗址考古发掘出土文物保护修复方案（一期）》的批复意见及出土文物实际情况，确定了以研究性为主的修复目标。通过招标竞择了国内 16 家顶尖的各类文物保护修复与研究团队参与，针对文物特点，经过前期调研和5轮专家咨询，对各类文物修复团队的研究水平、人才培养、设施设备、修复能力提出了严格要求。

创新考古方法 首次将实验室考古方法与预防性保护理念应用到发掘现场，实现了理念创新与保护技术突破，其成果在全行业起到了引领示范作用，现有北京、上海、陕西、河南、山东等省市的14家文博单位来现场考察学习，该理念与模式在全国逐步推广应用。

二 面向国际表达的考古传播彰显中国风格

中华文明五千多年来从未中断，让陈列在广阔大地上的遗产、收藏在博物馆里的文物、书写在古籍里的文字都活起来，是文物考古工作的时代使命。聚焦于中华文明突出的连续性、创新性、统一性、包容性、和平性，三星堆遗址祭祀区考古紧扣时代脉搏，通过多渠道、多方式，向大众生动讲述中国考古故事。

全景展示与传播 通过多种技术手段向观众全景立体展示与传播考古发掘与文物保护修复的现场场景。利用无线传感网络、

考古信息展示传播系统

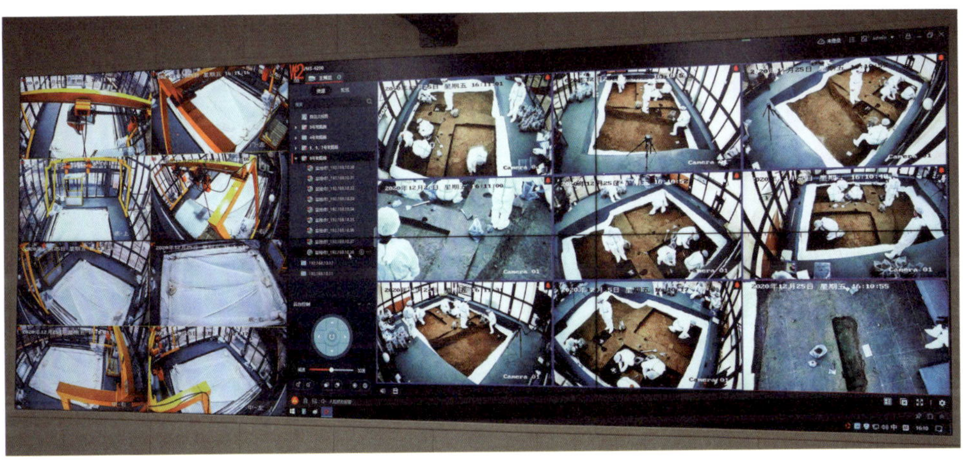

移动通讯等多项先进技术搭建智慧展示云平台，全时空监控、采集考古舱内的环境数据，出现异常及时预警，为三星堆祭祀区考古发掘保护提供精细管理科学手段。央视3次和四川卫视1次直播全面展示了发掘过程，直播观看总人次超过1.2亿，全网话题总阅读量累计超55亿次，60余个话题登上微博热搜。六集纪录片《又见三星堆》，每集网络播放量近100万次。纪录片《不止考古·我与三星堆》累计播放量超过4300万次，微博总阅读量达2.01亿次。通过直播和纪录片向全世界立体展示、全面传播了三星堆文化。

体验式参观学习 创新探索将考古发掘、文物保护实景呈现在博物馆里。发掘现场采用全透明考古发掘舱，让参观者亲临实景观看每个舱的发掘场景，增强观众体验感。建立三星堆文物保护与修复馆，通过智慧云台等科技设备与考古发掘现场实时连线，有效实现了考古与文物资源信息全时空最快传播，让考古成果及时、有效转化，更好地惠及人民群众。以电子触摸屏、视频、实景观摹等方式让观众亲身体验发掘和修复保护全过程，学习相关知识，实现考古与文物保护数字化、可视化、互动化。

三　融合多学科多团队参与的联合考古彰显中国气派

三星堆遗址祭祀区考古不断深化考古成果，通过多学科融合、多团队协作，依托新技术新方法，构建学理化的理论体系，系统揭示中国古代社会的面貌和历史发展的规律，积极探索中国气派的考古学，为完整讲述世界文明历史、揭示人类命运共同体演进规律贡献一份力量。

规划先行，多团队合作 在新发现祭祀坑之初就进行统筹规划，设立领导小组及考古发掘和文物保护专家团队。专家亲临现场解决发掘过程中的疑难问题，先后召开了65次专家咨询会，为项目顺利实施提供了强有力的技术支撑；领导小组对项目

多团队合作开展保护研究

实施过程中纷繁的工作内容和庞大的工作人员队伍进行统筹协调管理，保证项目科学、有序实施。四川省文物考古研究院积极联合全国45家科研单位，先后有500余名院外专业技术人员参加：联合北京大学、四川大学、上海大学、成都文物考古研究院开展精细化考古发掘。考古现场保护共有全国15家单位124人参加，并联合10余家单位完成了4500余件出土器物和600余根（残段）象牙的现场保护及土遗址应急保护。联合全国16家单位155人参与出土文物修复研究，不仅要完成1493件青铜器、218件金器、408件玉石器的研究性修复和600余根（残段）象牙清理与日常保养，还要完成8个课题研究和20余名修复研究人员培养。

谋定后动，多学科研究　全国22家单位98人参加了三星堆遗址祭祀区多学科研究，开展了青铜器铸造技术、玉石器加工工艺、环境考古、测年、物料溯源、有机残留物与微痕分析、冶金考古、植物考古、考古装备研发等20多个方向的研究，形成了阶段性成果。一是联合中国丝绸博物馆、西北大学、四川大学采用基于免疫学原理的丝绸微痕检测技术、扫描电镜、气质联谱等技

铜器表面丝绸痕迹

多团队开展青铜器保护修复

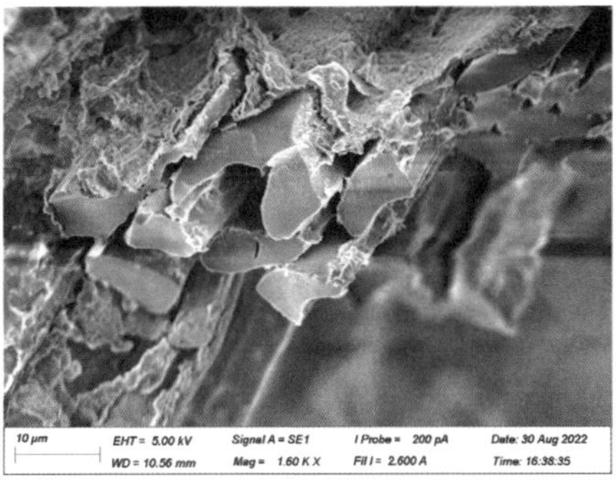

出土丝绸扫描电镜下的截面形态

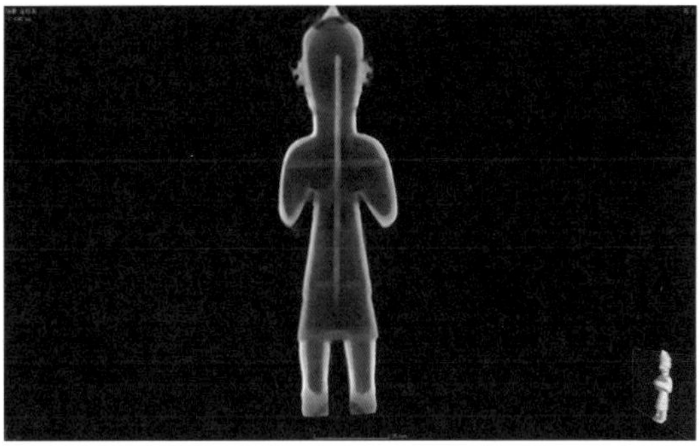

CT 显示的铜器内部芯骨工艺

术发现了丝绸遗存及纺织工艺、动物蛋白和脂肪残留物。二是联合北京大学采集碳十四测年样品300余个，确定了祭祀坑形成年代。三是联合中国社会科学院考古研究所、北京科技大学、故宫博物院、山东大学，采用多手段对青铜器物内部结构与成分进行分析，初步了解了三星堆出土青铜器铸造工艺与玉石器制作方法。四是联合山东大学、上海大学、成都文物考古研究院、西北大学、中国丝绸博物馆等单位，运用多种检测技术，确定了4号坑灰烬层包含物类型。五是与成都理工大学、北京联合大学合作进行祭祀坑埋藏特征研究，确定了祭祀坑埋藏特征。六是中国科学院地质与地球物理研究所、中国科学技术大学利用锶同位素和碳、氧同位素开展象牙溯源。

三星堆遗址祭祀区考古与保护，聚集国内一流的考古、保护、多学科研究、设备研发团队，创新科技赋能，有效实现跨领域、跨行业深度融合，立足中国实践、国际表达，体现中国考古事业的发展成就，向大众生动讲述了三星堆遗址和古蜀文明，推动建设中国特色中国风格中国气派的考古学。

世界文化遗产保护传承助推乡村振兴

红河哈尼梯田世界文化遗产管理局　红河州文物局

哈尼梯田风光

因地制宜　综合施策
社会参与　群众受益
传承基因　留住乡愁

农耕文明的历史底蕴

人与自然和谐共生

2013年6月，红河哈尼梯田被联合国教科文组织列入世界文化遗产名录。作为成功申遗的文化景观，红河哈尼梯田充分体现了人与自然共同创造、和谐共生的生态文明智慧和杰出创造精神。申遗成功的十年来，红河州始终牢记习近平总书记对哈尼梯田保护、民族文化传承的殷殷嘱托，以守护“绿水青山”的不懈努力，保护“四素同构”的文化景观遗产要素，以留住“金山银山”的发展成果助推乡村发展振兴，在保持哈尼梯田绿色生态底色、耕作传统习俗和景观风貌之美的基础上，推进实施“阿者科计划”，积极采取“系统保护整体推进、人民至上利益共享、保护致富协调发展”三大举措，走出了一条遗产保护、文化传承、经济发展、群众受益的绿色可持续发展之路，依托“世界文化遗产、千年哈尼梯田”靓丽名片，做好“田文章”，打好“融合牌”，让千年哈尼梯田在新时代焕发出蓬勃生机，走出了一条具有红河特色的乡村振兴之路。

一　聚焦文化遗产，把根留住

红河州坚持绿色可持续发展理念，聚焦“保护传承文化遗产”这一根本宗旨，准确把握红河哈尼梯田“农业文化遗产”特性，认真践行习近平生态文明思想，持续将森林、村寨、梯田、水系“四素同构”生态循环系统作为世界文化遗产核心要素进行保护，始终坚持在保护中发展、在发展中保护，在有效保护、适度利用的基础上，充分发挥红河哈尼梯田水库、粮库、钱库、碳库、文库的价值功能，全面践行新时代文物工作要求，积极采取科学有效措施，全力以赴守护哈尼梯田，把“根”留住。

守护生态底色　累计恢复生态植被25.6万亩，退耕还林1.47万亩，森林覆盖率由53.57%上升至63.84%。恢复灌溉沟渠140余条451.33公里，恢复“赶沟人”“守林人”“木

刻分水法”“水力冲肥法”等传统民间水资源管理方式，梯田灌溉得到有效保障。

保护古寨村落　实施传统村落和民居保护工程，建立传统民居保护奖补长效机制，全面加强遗产区传统村落整治及传统民居日常维护，先后完成遗产区60个村庄环境综合整治，改造传统村落64个，累计修缮传统民居4000余幢，对传统民居进行集中修缮、挂牌保护，以“绣花”功夫赓续传统村落传统风貌。

传承文化基因　实施哈尼古歌传承三年行动计划，组建哈尼梯田文化传习馆和一批民族文化传承文艺队，培养了一批非遗传承人，开展哈尼古歌传承传唱展演活动，重点挖掘了《哈尼古歌》《四季生产调》等民族文化精品，实现生产、生活、生态相融合，使传统民居和村寨留住了原真、留住了特色、留住了乡愁。

阿者科村人在梯田劳作

对阿者科村人居环境进行改造

二　实现发展成果全民共享，把业留住

活态遗产是以人为核心、以生活为载体的活态传承实践。红河州各级政府始终将遗产保护、脱贫攻坚、文旅融合发展、农耕技艺传承等一体推进。同时，始终坚持以人民为中心的发展思想，通过构建村民和遗产、公司景区的“利益共同体”，将利益分配机制与遗产保护细则有效绑定，使村民从遗产保护中得到了真正实惠，保障和强化了村民主人翁地位，遗产区村民人均可支配收入从2013年的3928元增长到2022年的12502元，实现了生态、遗产保护与群众增收的双赢，确保这一生态文化价值共享创新实践顺利实施。

推进梯田红米产业发展　制定出台《元阳县哈尼梯田红米产业发展三年行动计划》《红河哈尼梯田红米生产技术规程》，健全完善梯田红米品牌管理制度和红米种植及加工技术规范，推进梯田红米产业规模化、标准化、现代化发展。采取“公司+基地+合作社+农户”的种植生产经营模式，运用“互联网+梯田红米”销售模式，注册了“阿波红呢”和“元阳红梯田红米”等系列商标，开展梯田红米有机认证，研发优良子种、建设红米基地等，成功推出红米糊、红米茶、红米酒等系列产品。目前，全县种植梯田红米10万亩，总产量达3.5万多吨，实现农业总产值2.2亿元。

水稻种植

丰收之喜

秋收之歌

推广“稻鱼鸭”综合种养模式 使传统农业单一的水稻收益转变为水稻（红米）、梯田鱼、梯田鸭及鸭蛋等综合收益，实现“一水多用、一田多收、一户多业”的综合效益，布局“一丘田”“一粒米”“一条鱼”“一枚蛋”产业链，突出打造鱼苗繁育、稻渔综合种养特色产业，走出了一条生产发展和生态保护互融共生、互促共进的产业致富新路径。目前已推广19.58万亩，“稻鱼鸭”综合种养示范区每亩综合收益均达5590元，受益农户50446户。

大力发展生态农产品 自2013年以来，累计投入8000余万元，开发民族刺绣、哈尼竹编、民族银饰等产品，带动传统工艺发展，直接带动3.9万名群众增收致富，1.8万余名村民实现了家门口就业。

推进全国哈尼梯田文化旅游知名品牌创建示范区建设 积极打造“健康生活目的地”，累计投入旅游基础设施资金1.81亿元，重点实施传统村落改造、旅游基础设施提升工程。围绕赏田园风光、忆古村乡愁的思路，在保持传统村落原真性和遗产完整性的基础上，推出“自然野趣、传统工艺、哈尼文化”3个主题的活态文旅体验项目和19种精品活动，向游客展现传统村落的淳朴、原真和宁静，满足城市游客回归自然的本真需求，唤醒游客内心深处的乡愁记忆。2013年以来，哈尼梯田景区业态平均每年吸引游客349.1万人次，实现旅游总收入44.8亿元，直接带动就业5000余人，间接带动1万余人，实现经营收入3000余万元。箐口、阿者科、垭口、大鱼塘等村落被列入中国传统村落目录，红河州元阳县入选2022年全国休闲农业重点县。

元阳梯田稻农耕表演

三　推动内源式发展，把人留住

红河州元阳县阿者科村是哈尼梯田申遗的5个重点村寨之一。2013年申遗成功前，阿者科村内经济发展缓慢。相对封闭的交通区位、传统低效的稻作农业方式、保护与发展间的矛盾，制约着阿者科村经济发展，村内一半劳动力外出务工，村落空心化现象明显。申遗成功是阿者科村保护发展的一个新起点。2018年9月，元阳县政府与中山大学深度合作，创新性打造非盈利公益援助项目“阿者科计划”，指导元阳县政府与阿者科村集体联合成立阿者科村集体旅游公司，推动“内源式村集体主导”旅游产业发展，激发了村民留住人、保住田、守住房的内在动力，实现了优秀传统文化的创造性转化和创新性发展。2019年2月，由元阳县政府推进的“阿者科计划”正式实施。

坚持遗产价值共享。鼓励村民居住在村里，保持原有生产生活方式和村内核心人文景观，把村民作为“自然生态—社会—文化”系统的重要组成部分，明确不租不售不破坏、不引进社会资本、不放任无序经营、不破坏传统四条底线，防止社会资本入村无序开发和大拆大建；整体保护村寨，所有旅游收入归全体村民所有，让村民成为文化遗产的拥有者、保护者和受益者，做到和村民资源共有、价值共享、责任共担。

绿春长街宴宴席

梯田之上话发展　团结奋斗创未来

村民领取分红

幸福的笑容

建立利益联盟机制 政府与村集体联合成立阿者科村集体旅游公司，政府出资30%建设游客中心、公共厕所等旅游基础设施，65户村民以传统民居、梯田等文化遗产资源入股70%，申请村集体经济发展资金100万元作为启动资金，村民选出“致富带头人”作为公司法人代表，由公司统一组织村民整治村寨、经营旅游接待，村民对公司经营进行监管，公司收入归全村所有。公司负责公厕改建、水渠疏通、房屋室内宜居化改造等工作，引导村民制定村规民约，组织村民整治村庄环境，做好门前“三包”，定期开展村内大扫除，提升宜居宜游环境。

创新利益分配方式 构建“保护者受益、受益者保护”的利益导向机制，旅游经营利润三七开，30%由村集体公司留成，用于后续管护建设及壮大集体经济，70%分给村民。村民分红按传统民居保护分红40%、梯田保护分红30%、居住分红20%、户籍分红10%执行，真正实现了资源变资产、村民变股民。自2019年2月正式实施以来，阿者科村累计实现旅游收入170余万元，65户村民户均分红1.4万元以上，在持续种植梯田的基础上，真正实现通过村民自觉发展旅游增收致富，同时又增强了广大村民留在家乡、保护好梯田和蘑菇房的内驱动力。

创新数字化监管方式 投入专债资金实施红河州元阳县数字哈尼梯田建设项目，构建元阳县哈尼梯田遗产区数字监管平台，探索使用数字化手段稳抓哈尼梯田遗产区保护利用工作。积极与互联网头部企业合作，成立数字乡村项目基地，采用数字技术构建网上梯田认种及哈尼梯田数字藏品开发新业态。

铸牢民族团结意识 红河州坚持以铸牢中华民族共同体意识为主线，“像爱护自己的眼睛一样爱护民族团结，像珍视自己的生命一样珍视民族团结”，在推动元阳县经济、社会、文化发展的同时，将全县各个少数民族同胞紧紧团结在一起。自2013年以来，累计投入民族团结资金4971.5万元，创建民族团结示范乡镇3个，民族团结示范村40个，全县共创建“中国少数民族特色村寨”3个，中国传统村落村寨7个，省级民族团结进步示范单位34个，民族团结进步示范单位262个、示范家庭720户。

“阿者科计划”实施以来，各级政府始终坚守以保护为首要前提的遗产利用底线和规则，科学规划、整体保护，将乡村振兴、传统村落保护、农文旅融合发展、农耕技艺传承等一体同步推进，维系了传统习俗和传统农耕生产生活方式，让哈尼梯田“四素同构”生态系统实现了良性循环和有效保护修复。

红河哈尼梯田“阿者科计划”的实施，保护和传承了梯田的生态底色，增强了广大村民留在家乡、保护好梯田和蘑菇房的内驱动力，实现了生态保护、遗产保护与群众增收的双赢。这是贯彻落实习近平生态文明思想的生动实践，是铸牢中华民族共同体意识的鲜活样板，是推动活态遗产保护利用的创新探索，为世界文化遗产保护与利用提供了中国方案。

数字敦煌开放素材库助力文物资源全民共享

敦煌研究院

首个基于数字敦煌资源和区块链版权

保护技术的数字文化遗产开放共享平台
向全球开放高清数字资源

“确权 + 授权 + 维权”的知识产权转化体系
“一站式”敦煌文化共享平台

为满足人民对美好生活的向往，推动中国优秀传统文化创造性转化、创新性发展，敦煌研究院利用海量数字资源，充分挖掘开发，形成形式多样、内容丰富的“数字敦煌开放素材库”，用以支撑学术研究、创意设计、公益宣传。这是全球首个基于数字敦煌资源和区块链版权保护技术的数字文化遗产开放共享平台。该数据库向全球开放6500余份高清、权威的数字敦煌素材，推动文化资源安全高效传播，让敦煌学研究人员和敦煌文化爱好者能用、会用、爱用。同时数据库还开放了内容共创模块，鼓励、支持创作者共创作品并与版权方分享创作收益，以共享共创方式推动敦煌文化“活起来”，为进一步提升文化自信，激活文物数字资源所蕴含的文化内涵和丰富价值，为服务“一带一路”国家战略提供有力的数据支撑，为文化遗产的传承发展探索出一条新路径。

一　秉持莫高精神，不断打磨数据库平台

敦煌研究院是负责世界文化遗产敦煌莫高窟、天水麦积山石窟、永靖炳灵寺石窟，全国重点文物保护单位瓜州榆林窟、敦煌西千佛洞、庆阳北石窟寺管理的综合性研究型事业单位，是我国管理世界文化遗产数量最多、跨区域范围最广的文博机构，目前已经发展成为在国内外具有相当影响力的遗址博物馆、敦煌学研究实体、古代壁画与土遗址保护科研基地、国家一级博物馆。

近年来，敦煌研究院立足于保护、研究、弘扬敦煌文化，坚

数字敦煌

数字敦煌资源库首页

数字敦煌开放素材库发布海报

持开展改革探索和创新，不断利用新媒体、新技术进行数字化探索，取得了良好效果。为实现敦煌石窟文化艺术的永久保存和永续利用，早在20世纪90年代初，敦煌研究院就开始了“数字敦煌”的实践探索。2016年，“数字敦煌”资源库上线，实现了30个洞窟整窟高清图像和全景漫游节目全球共享。截至目前，资源库访问用户遍布全球78个国家，累计访问量超过2200万次。2020年，“云游敦煌”小程序正式上线，超过2亿人次参与线上互动，累计访问量超过6000万次，有效推动了敦煌文化的活化利用。2022年，“数字敦煌”入选世界互联网大会“携手构建网络空间命运共同体精品案例”。

为贯彻落实习近平总书记视察敦煌时的重要指示精神，“把莫高窟保护好，把敦煌文化传承好，是中华民族为世界文明进步应负的责任”。敦煌研究院坚持以科技保护文物，持续推进“数字敦煌”，在永久保存、永续利用敦煌石窟文物的基础上，实现敦煌文化艺术资源在全球范围内的数字化共享，推动建设“数字敦煌开放素材库”。

在素材库的建设过程中，尽最大可能满足专业人员和社会大众对敦煌石窟数字资源应用的不同需求，不断探索更新。调研数字资源授权平台及相关技术，敦煌石窟数字资源和授权情况；了解现有敦煌石窟数字资源的应用实例，以及“数字敦煌”资源库用户组成结构和访问数据的类型，分析不同用户对数字资源的内容、形式等方面的需求。在素材库内容的选择上，经过内部用户和外部用户调研，分析他们对内容和资源的申请授权需求，有针对性地选择素材库的内容、精度、加工程度等。在平台使用的设计过程中，根据用户习惯组织管理素材库分类，做到易于查找和检索；素材库平台接口做到兼容，可以直接与已经上线的数字敦煌资源库平台共同部署在一个系统框架内。在用户申请授权和购买素材的功能方面，采用实名认证和电子签名技术，在保障素材版权的同时，大幅简化了工作流程，提升了用户体验。

二　持续应用新技术，开创数字资源授权新模式

数字敦煌开放素材库的内容是基于敦煌研究院多年数字化海量资源及敦煌学研究积累，包括敦煌莫高窟、西千佛洞、瓜州榆林石窟、天水麦积山石窟、永靖炳灵寺石窟、庆阳北石窟等石窟遗址以及敦煌藏经洞在内的6500余份高清、权威数字敦煌素材，包含高清的壁画图像、提取的壁画元素、绘制的壁画线描，以及敦煌研究院与合作单位共同设计的创意内容等。

在开发过程中，应用敦煌石窟数字资产可视化呈现技术，进行界面设计与开发；通过恢复测试、安全测试、压力测试等方式，对系统进行检测与优化；依据敦煌石窟数字资产元数据规范进行数据录入与编目等。首次集成了敦煌石窟数字资产关键技术、区块链和用户身份实名认证、自动清算等技术，进行系统功能开发，保障了数字资源的版权权益，规范了数字资源授权的方

敦煌莫高窟雪景航拍

自选素材

共创作品

式和流程，让更多人能够看到、用到这些素材。同时，将素材分为公益用途和商业用途两种模式，鼓励利用素材进行二次创作并上传到此平台，极大地扩展了素材的使用领域，丰富了素材的内容和形式，保障了数字资源的版权权益，为利用数字资源共创的作品提供了传播和共享的平台，实现了素材的有效利用和高效转化，建立了基于数字资源的“知识产权确权＋授权应用＋保护维权”的知识产权授权维权体系。

三　坚持开放共享，推动素材库可持续运营

2022年12月8日，“数字敦煌开放素材库”正式上线以来，获得了广泛关注，截至2023年11月，“数字敦煌开放素材库”访问量超过420万人次，素材下载量超过15000次。“数字敦煌开放素材库”作为敦煌研究院唯一官方素材申请平台，解决了目前网络上众多敦煌石窟数字资源非官方平台提供的数字资源质量参差不齐、来源不明等问题，规范了数字资源授权的方式和流程。借助互联网，让研究敦煌、喜欢敦煌、从事敦煌相关研究及设计工作的人员能够看到、用到这些素材。根据素材的不同用途，采用不同的收

开放素材库宣传海报

费标准，如果是仅限个人学习使用则全部免费，如果是其他用途会收取一定的费用，从而充分挖掘文物数字资源的深厚内涵和丰富的价值，形成了良好的社会效益和经济效益，打造了“一站式”敦煌文化共享平台，探索出文化遗产可持续发展的一种新模式。

未来，“数字敦煌开放素材库”将持续扩充素材内容，丰富素材种类，不断加大对素材的挖掘和转化力度，形成更加丰富多元的敦煌石窟素材；持续完善平台功能，简化素材申请授权流程；梳理总结“数字敦煌开放素材库”建设和运行方面的经验，进行优化和改进，为国内文博单位提供了“数字敦煌开放素材库”开放、共享、共创的新模式，有助于文博单位“文物开放素材库”的可持续发展。

“数字敦煌开放素材库”是继“数字敦煌”资源库全球共享后的又一次重要升级，是区块链技术在文博领域的创新应用，以开放、共享、共创的模式，实现了文物数字资源的有效利用和可持续发展，实现了传统文化、数字技术和广大公众的互联互通，让敦煌文物数字化成果广泛惠及社会，为国内文物保护单位的资源共享提供经验和示范。

黄河流域博物馆联盟
共建“黄河文化共同体”

青海省博物馆　河南博物院等

山水相连，文化一脉

共商、共建、共享、共融，
共同讲好“黄河故事”

学术研究、创新传播、展览展示、联动合作

为贯彻落实习近平总书记在黄河流域生态保护和高质量发展座谈会上对保护传承弘扬黄河文化做出的重要指示，深入挖掘黄河文化的丰富内涵和时代价值，延续历史文脉、坚定文化自信，2019年12月23日，由河南博物院提出倡议，青海省博物馆、四川博物院、甘肃省博物馆、宁夏回族自治区博物馆、内蒙古博物院、陕西历史博物馆、山西博物院、河南博物院和山东博物馆等共同发起成立黄河流域博物馆联盟。联盟通过建立跨省级协调机制，整合区域文化、文物、人才资源，统筹推进沿黄九省区文博事业发展，打造博物馆行业的“黄河文化共同体”，积极探索博物馆发展的新路径、新方法，最大限度发挥博物馆的文化传播功能，共同讲好“黄河故事”。

一　推进机制创新，注重人才培养和交流

黄河流域博物馆联盟现有成员单位72家，为促进黄河流域博物馆事业繁荣、黄河沿线文化和旅游事业发展，联盟

紧紧围绕保护传承弘扬黄河文化，积极探索协同创新发展道路。

强化机制创新，统筹协调区域文化、文物、人才等资源 2019年12月，黄河流域博物馆联盟成立。在“黄河流域博物馆联盟成立暨黄河文化保护传承弘扬研讨会”上，与会代表集体表决通过了联盟9家博物馆发起单位、首批45家成员单位及《联盟章程》，并推选河南博物院为联盟首届召集单位、首届联盟秘书处所在单位，此后每两年进行一次召集单位换届选举，通过跨省级协调机制，统筹推进沿黄九省区文博事业均衡发展。

注重人才建设，重点培养专业型、学术型博物馆人才 2021年9月，联盟在河南博物院举办“2021黄河流域博物馆讲解员能力提升研修班”，来自联盟九省（区）共36家成员单位的近50位学员参加。研修课程设置注重学术前沿性和实践务实性相融合，采取专家授课、现场教学、交流座谈的方式，搭建起黄河流域博物馆讲解交流的平台，推动了联盟讲解资源的分享、整合。同年10月，联盟在河南博物院举办“首届黄河流域博物馆可移动（金属）文物修复保护培训班”，联盟成员单位参

在青海玉树召开“黄河流域博物馆联盟馆长论坛”

首届黄河流域博物馆讲解员能力提升研修班上认真听讲的学员们

讲解员们认真听课学习

加培训，建立起联盟常态化可移动文物修复保护培训机制，源源不断地为黄河流域博物馆培养可移动文物保护骨干人才，共同提高黄河流域博物馆可移动文物的保护水平。

二 强化博物馆职能，让黄河文物“活”起来

黄河流域历史文化资源丰富，承载着沿黄地区人民的共同历史记忆。为展现联盟弘扬黄河文化的社会担当，强化博物馆在馆藏研究和展览展示等方面的职能，让黄河文物“活”起来，联盟创新性地联合黄河流域九省（区）博物馆，在深化学术研究和联展合作等方面做了大量有益尝试。

深化学术研究，夯实黄河流域博物馆联盟的研究基础 2020年，为大力弘扬宣传黄河文明，联盟组织贯穿黄河流域九家发起单位，选取来自黄河沿线博物馆的9件珍品文物，撰写《文物珍宝讲述黄河文明》，从黄河文化的不同切面，展示母亲河灿烂的文明，为中华民族培根铸魂。此外，联盟秘书处定期对联盟成立以来就保护、传承、弘扬黄河文化所做的系列工作进行梳理，对联盟各成员单位在陈列展览、社会教育、学术研究等方面取得的成绩进行总结，对联盟联合发起的各项专题活动进行

青海历史文物展——木轺车

观众参观青海考古成果展

回顾，集合为《博物馆展示黄河文化新时代内涵》专题文章，凸显各成员单位在深入挖掘黄河文化蕴含的时代价值、推进黄河文化遗产系统保护等方面取得的成就与硕果。

加强馆藏文物交流，齐心协力办展览 2020年，陕西历史博物馆精心策划推出大型原创主题展览“彩陶 · 中华——中国五千年前的融合与统一”，在深度挖掘中国彩陶历史文化内涵的基础上，以陕西地区出土彩陶为主，同时借展甘肃、河南等16省（市、区）、36家文博单位的296件（套）

唐 · 双狮日月金牌饰
青海历史文物展

唐·骑射形金饰片　青海历史文物展

文物精品，举办迄今为止中国博物馆界涉及彩陶分布范围最广的一次展览。2021年郑州博物馆与联盟共同协办的“黄河珍宝——沿黄九省（区）文物精品展”“金相玉式——沿黄九省区金玉特种工艺瑰宝展”“木本水源——黄河流域史前文明展”“黄土·黄河·黄帝——黄河流域生态文明与历史文化展”“大河上下·民族根魂——黄河文化云展览”“大河流金——黄河流域青铜文明特展”等，让承载黄河文明的国宝“活”了，让黄河沿线的博物馆“亮”了，充分体现出联盟深化合作的优势与特色。

增强博物馆公共文化服务能力，树立联盟品牌高质量典范　黄河流域博物馆联盟以博物馆为组群，构成一个新的文化综合体，有助于铸牢中华民族共同体意识，实现黄河流域博物馆的共同发展、共同繁荣。此外，联盟以满足人民群众美好生活的需求为导向，深入挖掘黄河文化蕴含的时代价值与人文精神，以

国宝音乐会流动博物馆进校园

层出不穷的文化活动激励公众参与、注重公众感受、收集公众反馈，增强公共文化服务的辐射力和覆盖面。这既实现了联盟优势资源的分享和整合，扩宽了联盟发展的领域和渠道，提高联盟博物馆整体发展水平，也促进了黄河文化的广泛传播，扩大了博物馆教育的覆盖面，更好地满足了人民群众的精神文化生活需要。

三　释放传播势能，共同讲好“黄河故事”

黄河流域博物馆联盟的成立，扩大了公共文化服务的半径。联盟成员单位之间沟通协作，打破地缘阻隔，建立交流合作平台，探索新技术、融合新思路，为黄河文化的传播注入了新动力。

解读新文化，打造弘扬传承新形态　2020年1月初，黄河博物馆联盟全体成员单位齐聚北京，参加《国家宝藏》团队全新打造的2020央视新春特别节目“黄河之水天上来”国宝音乐会，讲述文物与黄河文明的渊源。“黄河之水天上来”国宝音乐会用

《国家宝藏》“黄河之水天上来”国宝音乐会启动仪式

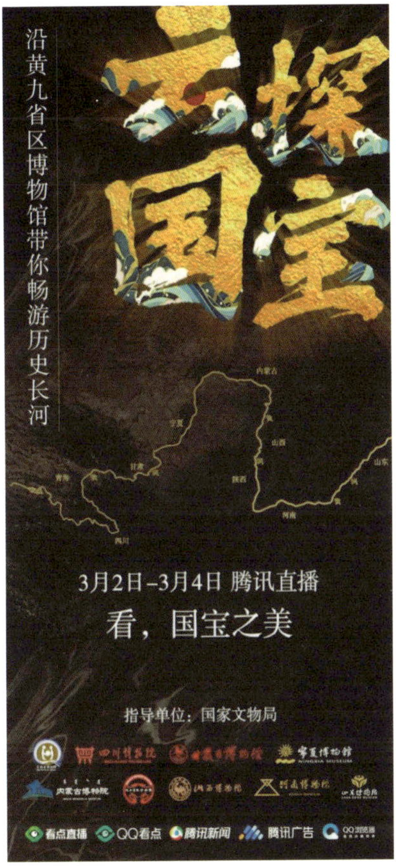

“云探国宝——沿黄九省区博物馆带你畅游历史长河”大型直播活动

探秘黄河流域博物馆——考古盲盒

文艺的形式展现绚烂的黄河文化，挑选了沿黄九省区的代表性文物舞蹈纹彩陶盆与《河之源》、东汉七盘舞画像砖与盘鼓舞《相和歌》、炳灵寺石窟无量寿佛与陶笛独奏《大黄河》、石刻胡旋舞墓门与《心应胡旋》、和林格尔汉墓壁画与《敕勒歌》、三彩载乐骆驼俑与《丝路载乐》、陶寺土鼓与鼓乐《黄河船夫》、嘉应观御制蛟龙碑与《新将进酒》、明版彩绘孔子圣迹图与《幽兰操》，以黄河为脉络，用音乐做语言，穿梭千年历史，奏响华彩乐章。黄河文化拥抱大众传媒，实现“破圈”传播。紧接着，联盟联合河南卫视推出《国宝说黄河》、联合山东广播电视台推出《馆长来了》节目，以公众喜闻乐见的形式推送沿黄九省区最具代表性的文物，介绍黄河文化，讲好黄河故事。

探索新技术，拓展文化传播新途径 疫情期间，为有效发挥博物馆的功能，联盟九家省级博物馆借助新媒体、新技术，联合推出“云探国宝——沿黄九省区博物馆带你畅游历史长河”大型直播活动，为网友讲述沿黄九省区九家博物馆31件（套）镇馆之宝背后的故事，3天共吸引超过1200万网友在线观看，为热爱黄河文化的广大网友奉上一场学习国宝知识、感悟黄河文化的视听盛宴。在首届中国（郑州）黄河文化月期间，联盟在微博上策划“我心中的黄河”全新话题，启动“线上联动发声+线下主题活动”，开展“晒出我家的黄河宝藏”“舌尖上的黄河美食”“寻找黄河大锦鲤”等系列线上活动，阅读量累计699.2万。此外，央视英语频道移动客户端面向海内外直播《金相玉式，一眼千年：打卡沿黄九省区“网红”文物展》1小时，获得全球观看量达27.1万，将传统文化中的优秀基因广撒深播世界各地，推动中华优秀传统文化对外传播。

打开新思路，发挥文创研发新优势 2020年至今，联盟组团携手文创产品亮相博览会、文创联展等，集中展示沿黄九省区博物馆特色文创产品；随着河南博物院“文创考古盲盒”大火，联盟顺势而为，联合九省（区）省级博物馆共同开发“探秘黄河流域博物馆——考古盲盒”。并打造了一批具有文化性、艺术性、

2020第七届中原（鹤壁）文化产业博览交易会

“我的黄河，我的家”——沿黄九省（自治区）博物馆文化文物IP衍生品设计联展

观众参观青海历史文物展

观赏性，“创新、好用、可转化”且独具黄河魅力的文创产品，社会反响热烈，推动了黄河文化活态传承。

黄河流域九省（区）博物馆的强势联盟，对推进黄河文化遗产的系统保护利用有着不可替代的作用。联盟以在文化传承发展方面的共商、共建、共享、共融，加速资源的合理配置和信息共享，促进博物馆职能的发挥。同时，以合作共享思维激发文化创新动力、事业发展活力，实现了文博单位的“强强联合”，凸显了文物资源“外溢效应”，形成可复制的“联盟经验”。

黄河流域博物馆联盟紧紧围绕保护、传承、弘扬黄河文化，探索黄河流域博物馆协同创新发展道路，持续深化沿黄九省（区）博物馆在学术、人才、文创、展览等领域的交流合作，不断拓宽合作渠道，开展一系列影响力辐射全国的推广活动，在增强博物馆公共文化服务能力的同时，齐心协力讲好黄河故事，提升了黄河文化的品牌力、传播力和影响力，实现了联盟优势资源的整合和分享，更好地满足了人民群众的精神文化生活需求，树立起区域性博物馆联盟品牌的高质量典范。

亚洲文明系列展览
深化亚洲文明对话

中国文物交流中心

亚洲47国文物首次集合，
亚洲文明首次全景展现

“1+N”模式，国内多地巡展，
亚洲多国对话

服务外交大局，推动联盟成立

以社会化运营实现可持续发展

2019年5月15日，在习近平主席的倡议下，“亚洲文明对话大会”在北京召开。大会聚焦亚洲文明交流互鉴与命运共同体的主题，是继博鳌亚洲论坛之后中国主要面向亚洲建构的又一个重要的对话合作机制，旨在传承弘扬亚洲和世界各国璀璨辉煌的文明成果，搭建文明互学互鉴、共同发展的平台，为亚洲命运共同体和人类命运共同体建设提供精神支撑。作为“亚洲文明对话大会”的重要配套文化活动，“亚洲文明联展”是我国首次举办、亚洲大家庭共同参与的集大成亚洲文明专题展览，讲述亚洲文明故事，建设亚洲各国对话、交流、合作的重要平台，谱写美美与共的文明互鉴新乐章，对于拓展亚洲国家文化交流机制、推动构建亚洲命运共同体和人类命运共同体都具有重要而积极的作用。

一　珍品齐聚　展现辉煌亚洲

“亚洲文明联展”作为首次亚洲文明伙伴大融合共参与的全景式专题展览，采取“点线面”结合的创新展览方式，

“大美亚细亚——亚洲文明展”国家博物馆站展厅

推动展览提质增效。

以“点”发力　精选中外文物精品组成“亚洲文物精品展”，在“亚洲文明对话大会”开幕式上高位集合，向习近平主席及斯里兰卡、新加坡、柬埔寨、亚美尼亚和希腊的国家元首进行展示。

以“线”延伸　除主展览外，在北京举办了“亚洲文物精品展”“器服物佩好无疆：东西文明交汇的阿富汗国家宝藏”展、“殊方共享——丝绸之路国家博物馆文物精品展”“山宗 水源 路之冲——一带一路中的青海”展等4个重磅文物展览，以全新的展览体系，串联起城市文化活动，提供多种观展视角与兴趣侧重。

以“面”覆盖　“大美亚细亚——亚洲文明展”作为主展览，聚合亚洲全部47国及希腊、埃及两国展品共451件（套），各美其美、美美与共，参展国家数量、文物数量和精

“大美亚细亚——亚洲文明展”国家博物馆站展出的中国文物

致程度前所未有。展览以“多元文明并置，古今文明相通”为主线，采用“传统展示＋多媒体技术”相结合的方式，展示亚洲各国具有代表性的世界文化遗产和著名文化景观，“文物带你看亚洲”多媒体互动展示系统让观众深度体验亚洲13个国家近60件文物，文物展览与创意展示交相辉映，构成了亚洲文物共聚一堂、亚洲文明聚集荟萃的文化盛事，为亚洲国家的文物互通、民心相通、合作沟通、内外融通奠定了良好基础，3个月的展期内，观众达230万人次。

二　多地巡展　赋能美好生活

为推动亚洲文明交流互鉴，将其成果惠及更多中国观众，2019年9月至2022年3月，中国文物交流中心组织“亚洲文明展”赴中国（海南）南海博物馆、孔子博物馆、河北博物院、湖南博物院以及四川博物院五地展出，多地域、持续不断丰富人民文化生活，引发观展热潮，极大地丰富了中国观众的精神文化生活，增进了亚洲文明对话的深度和广度，为深化亚洲文化领域务实合作、增进亚洲国家民心相通架起友谊桥梁。

巡展期间，受全球新冠肺炎疫情的影响，为严格防范境外疫情输入和扩散，也本着对亚洲参展机构人员健康负责的态度，展览团队与亚洲参展机构的工作人员采用实时视频连线的形式进行文物开箱、点交、布展，最后使展览顺利、如期开幕。展览团队有序、细致、专业的工作得到亚洲参展机构的高度赞扬，也开创了文物点交、布展的新思路和新模式，为常态化疫情防控期间举办文物展览、促进文化交流提供了借鉴与参考。

“亚洲文明联展”2019年5月四展海报

“大美亚细亚——亚洲文明展”中方与外方人员点交文物

展览落幕后，在国家文物局的大力支持和策展团队的共同努力下，以多种方式延伸展览的内涵与影响，开发了AR/VR虚拟展示系统，观众可以扫二维码线上观赏展览。

三　踔厉奋发　服务外交大局

习近平主席在亚洲文明对话大会的主旨演讲中，提出“中国愿同各国开展亚洲文化遗产保护行动”。“亚洲文明联展”彰显出中国在不同文明交流互鉴中作为参与者、贡献者、引领者的重要作用，为未来合作营造了良好的外部环境。以展览为发端，中国文物交流中心与境外文博单位建立起了深厚的友谊与合作关系，与叙利亚文物与博物馆管理总局共同策划了“叙利亚古代文物精品展”来华巡展7站，开展了“阿富汗国家珍宝展”8站的接力守护，推出了赴日“三国志展”等，并与伊朗、土耳其等国洽商合作，丰富展览项目储备，形成了丰富且扎实的亚洲文明展览序列。巡展期间，中国与亚洲国家围绕古代文明研究、联合考古、文物修复、文化遗产保护管理、博物馆交流、人才培养等领域

“文明的回响——来自阿富汗的古代珍宝”
成都博物馆站展览海报

成都博物馆入口观众排长队等待入场
参观来自阿富汗的文物

部署开展了一系列交流合作，中国与阿富汗、叙利亚等多国签署《关于协同开展“亚洲文化遗产保护行动”的联合声明》，奠定了“亚洲文化遗产保护行动”的互信合作基础。

2023年3月15日，习近平主席在中国共产党与世界政党高层对话会上提出以“共同倡导尊重世界文明多样性”“共同倡导弘扬全人类共同价值”“共同倡导重视文明传承和创新”“共同倡导加强国际人文交流合作”为核心的“全球文明倡议”。亚洲文明系列联展的持续举办，营造了更有利的外部环境，加速了“亚洲文化遗产保护联盟”的成立，构建了有效的交流合作机制，提升了我国文化软实力，以中国主场外交，助力亚洲新未来。2023年4月25日，“亚洲文化遗产保护联盟”成立，文化遗产外交工作取得新实效，成为全球文明倡议的生动实践。

四　理念创新　实现可持续运营

坚持新发展理念，积极吸纳社会力量，推动展览可持续性运营，实现经济效益，进而不断提升展览品牌价值。中国文物交流中

“叙利亚古代文物精品展”国家典籍博物馆站
叙利亚帕尔米拉遗址部分复原

“叙利亚古代文物精品展”精品文物
“祭拜者雕像”

心通过优化展览内容与品质、扩大展览品牌知名度等手段，吸纳社会资金支持促成展览落地，解决目前博物馆经费少办展难的矛盾，为文物文化领域供给侧结构性改革提供了示范案例。通过门票、文创收入反哺后续新展的策划筹备工作，增强自身的造血机能，实现了社会效益和经济效益的双赢。此外，通过捐款、捐助办公用品等方式向叙利亚、黎巴嫩等国的文物文化机构施以援手，延伸文物展览的意义与价值，促进了文化遗产地与展出地的民心相通，更好地助力构建社会平等秩序，保障人民文化权益。

坚持展览的公益属性，在收支平衡的前提下，利用展览收入盈余，先后策划了“古文明公开课”“古语今谈”“公共美育大师课”等公益学术讲座，并为特殊群体提供优惠购票、指定“开放日”免票的政策，被纳入第十届北京惠民文化消费季“艺术京城”板块。

系列展览还通过各大新媒体平台进行线上直播探展活动，真正实现宅家“云观展”。邀请业内同行、专家学者、网络达人、高校学生和文博爱好者们在社交媒体上积极宣传，不断输出有关展览的优质点评和文章，更好地提升展览的传播力和影响力，增加展览的文化供给能力。

“叙利亚古代文物精品展”公益讲座

“亚洲文明联展”系列展览立足于亚洲文明的整体叙事体系，解放思想、开拓创新，构建了一幅以文明互鉴取代冲突隔阂的现代亚洲文明交往交流交融图景。系列展览因服务外交大局，生发于亚洲文明对话大会，延展于创新展览内容模式，助推构建亚洲命运共同体乃至人类命运共同体，是以创新创造活力深化文物领域国际交流合作、促进不同文明交流互鉴的有益尝试，也是对习近平主席提出的“全球文明倡议”的有力践行。

构建展览叙事体系 用心用情用力 讲好中国故事

辽宁省博物馆

从文物展陈到文化传播
“物”与“人”的二元合一
探索中国式现代化文物展览新篇章

辽宁省博物馆（以下简称辽博）是新中国建立的第一座大型博物馆。党的十八大以来，辽博坚持以习近平新时代中国特色社会主义思想为指导，坚持把马克思主义基本原理同中华优秀传统文化相结合，植根辽宁历史文化沃土，盘活用好馆藏资源，推动中华优秀传统文化创造性转化和创新性发展。2019年至2022年，辽博每年至少推出一个文化大展，相继举办了“又见大唐”“又见红山”“唐宋八大家”“和合中国”等现象级展览，累计接待观众近百万人，线上线下活动参与观众1000余万人次，媒体报道数千次，探索出一条以文物为核心，以展览为抓手，以多元活动为传播途径的策展模式，构建出一套独具地方特色的展览叙事体系，打造了博物馆展览在贯彻新发展理念、实现高质量发展工作中的创新实践。

一　构建展览叙事体系，阐释文物文化的当代表达

从“又见大唐”到“和合中国”，策展团队始终以创新为第一理念，突破了常规文物展览按类别、材质的排布方

式，创新采用叙事语言，把文物展品作为一系列完整叙事结构中的事件元素，为文物量身打造出数十万字的展览说明和近千幅的图板、图表，着眼于讲述文物故事，丰富展览体验，设计打磨出既突破常规又切实可行的文化展览实施方案：以文物展览为骨架，以文化解读、审美欣赏为传播方法，并结合多种展示手段的展陈方式。

一见大唐，以传世书画呈现唐代缤纷绚丽的盛世图景 “又见大唐”探索在文物展览中构建叙事体系，讲述文物背后的历史文化。展览以文物为载体，文化解读为延伸，艺术审美为服务，学术研究为延续，深入挖掘古代绘画、书法艺术的图像呈现与文字记述内容，除反映艺术层面的多彩多姿外，更从中寻找能充分体现唐代社会生活、政治生活、音乐舞蹈、对外交流等方面内容，将展陈内容作为透视唐代社会的一面镜子，让观众在轻松愉快的氛围中浏览文物，并不断丰富认知，体味大唐盛世的辉煌绚烂。展览中，辽博将馆藏唐代书画倾囊展出，与唐代彩塑女俑、“九霄环佩”古琴等珍贵文物一起，真实再现了1400年前盛世大唐的神致气韵，同时“以古喻今”，以强烈的代入感“再现大唐，又见盛世”。

唐·周昉（传） 簪花仕女图 绢本设色 辽宁省博物馆藏

“又见红山”展览

二见红山，以重要考古发现揭示中华文明起源 “又见红山”是以新石器时代红山文化为主题的专题展览，立足辽宁悠久历史，依托前沿的学术研究成果，揭示红山文化在五千年中华文明进程中的关键地位和重要作用。展览通过红山文化遗址中出土的石器、动物骨骼、植物种子，以及罐、碗、盘等生活用器，结合数字化手段，生动讲述了红山先民农耕狩猎的生活场景；结合牛河梁遗址的考古图片，以及发掘出的人、动物塑像等与原始宗教崇拜有关的遗物，阐释红山文化的祭祀礼仪和宗庙雏形的形成；通过对出土的红山文化玉器随葬品的原貌还原和深入解读，展示红山文化以玉为葬的文化进程；进而将红山文化与同时期其他考古学文化进行交流对比，阐释红山文化对中华文明起源和后世礼制系统产生的深远影响。

新石器时代红山文化玉玦形龙
辽宁省博物馆藏

三见唐宋八大家，以传世精品展示家国情怀和时代风华
“唐宋八大家”将广为熟知的文学概念转化成以书画为主的文物展陈。以叙事性方式布展，将珍贵文物、书法绘画展品、数十万文字说明与近千幅的说明图版、图表等展品，作为一系列完整叙事结构中的事件元素出现，立体诠释着“唐宋八大家”从文学艺术成就到思想品格风骨的全貌，凝练出中华文化绵延不绝的奥义，并做到观照当下。文物展品与文学作品通过展陈相互渗透滋养，引导观众窥探“唐宋八大家”及“古文运动”的发展与成熟，领悟中国传统文人士大夫“格物致知”的治学理念、“文以载道”的使命担当、“兼济天下”的家国情怀，以文化打通时间隔阂，滋养心灵，弘扬时代精神。

四见和合中国，以文物为媒，探寻传统文化的当代表达
“和合中国”深化叙事体系的建构和应用，通过展陈，对跨时空、跨地域、跨种类的文物展品进行融合解读，以“天人合一”冥想屋、丝绸之路滑轨屏等数字影像方式提升展陈效果；在传播上，跨界合作，开发了系列主题教育活动、数字应用、夜场演出、主题文创等“博物馆+”项目并运营推广，将馆藏资源转化为文化服务资源，赋能经济社会发展。展览以“和合”为题，从402件/组

“唐宋八大家”展览

“和合中国”展览

清 · 徐扬　姑苏繁华图（局部）　纸本设色　辽宁省博物馆藏

（436单件）文物中提炼讲述了中华文明天人合一的哲学观、博大厚重的家国情怀、交流互鉴的丝路故事、古今合璧的奥运故事、一起向未来建功新时代的美好愿景等，精准诠释出“和合”文化所蕴含的“讲仁爱、重民本、守诚信、崇正义、尚和合、求大同”的精神特质和发展脉络，并观照当下，揭示在构建人类命运共同体过程中，契合于人类文明共通内核的“美美与共、天下大同”理念，突显“和合思想”对现在及未来的借鉴和启迪。

系列展览连续四年入围全国博物馆十大陈列展览精品推介活动，荣获精品奖2次、优胜奖2次。“又见大唐”“唐宋八大家”展览入选“弘扬中华优秀传统文化、培育社会主义核心价值观”主题展览重点推介项目。“又见大唐”“又见红山”“唐宋八大家”展览被写入《辽宁省第十三次党代会报告》，“和合中国”展览被写入《2023年辽宁省政府工作报告》。

二 用心用情用力讲好中国故事，实现历史文化遗产多元阐释传播

在打造系列大展过程中，辽博紧扣时代脉搏，以馆藏文物为基础构建叙事语境，以丰富解读连接并增进与观众间的互动交流，传递情感体验，解读和推介文物所蕴含的历史价值、文化价值、审美价值和时代价值，创新地讲好文物故事，达到了“观众喜欢、专家认可、媒体轰动”的可喜成效，把文物承载的文化力量充分释放转化，实现历史文化遗产的多元阐释传播。

在立意上“用心”，让文物“讲故事” 传统的博物馆文物展览，大多从考古、历史的角度去梳理和整合文物，辽博立足辽宁地域文化和馆藏资源，整合省内文艺院团、文博机构、文学美术创作机构等多方资源，从全新的角度切入，用心转变叙事方式，在立意上高端策划，跨维度深入发掘文物背后的文化艺术价值、人文精神、历史原境，诠释文物承载的中国智慧和时代价值，并以此为依托构建完整、有效的展览叙事体系，让文物“讲故事”，呈现出超越时代的思想价值，擦亮中华优秀传统文化的精神标

“和合中国”博谈雅集活动

“和合中国”展览观众参观

识，彰显中华优秀传统文化的源远流长与薪火相传。

在叙事上“用情”，实现“物”与“人”的二元合一 为打破传统文物展览与大众之间的藩篱，辽博转变思路，将传统展览中“以文物为中心”的理念转变为“以观众为中心”，将展览与观众的关系从过去的“主体与客体”逐渐过渡为“主体与主体”，致力于营造让观众在体验与找寻中沉浸式观展的氛围。同时，培训志愿者有意识地构建所有展览的内在逻辑，以便讲解时为观众串联起馆内同期展出的不同展览，增强展览的叙事性和可学性，帮助实现展览之“物”与观展之“人”的二元合一，生动讲述出文物背后的中国故事。

在传播上“用力”，多维赋能形成传播趋势 辽博与国家博物馆、国家图书馆及国内各省份博物馆建立交流合作机制，让更多文物走出库房、走上展线，让文物“转”起来；推进展陈数字化，运用云计算、AR等先进技术，对文物器形及内涵价值进行深入形象立体的解读，让文物“智”起来；丰富传播渠道，通过学术论坛、讲座、研讨会、社教活动等多种方式，加强观众与文物的交流互动，让文物“动”起来；围绕展览IP合作研发文创产品近千种，让文物“萌”起来；打造“传统媒体＋新媒体”的宣传模式，以国际化视角赋能，让文物“火”起来。

“唐宋八大家”展览互动学习

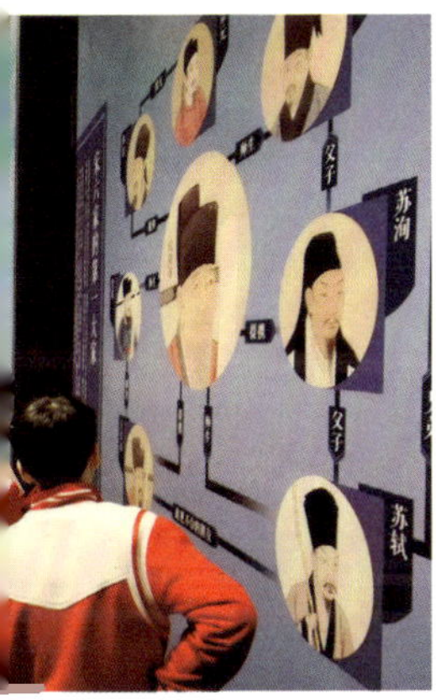

从“又见大唐”“又见红山”“唐宋八大家”到“和合中国”，辽宁省博物馆立足本土历史文化特色，以文物为载体，以文化解读、审美欣赏、历史还原为手段，以故事内容为核心，不断创新构建文物展览叙事体系，接续讲好文物故事、中国故事，展示辽宁形象，是探寻文物展览的当代表达、释放历史文化传播新势能的有益尝试，激发了博物馆的创新创造活力，谱写了文物展览的时代新篇章。

“文物保险+服务”创新文物管护模式

福建省文物局

政府、商业保险、第三方专业机构联动

上杭试点、多地推行

防重于赔，“定值保险”，文物安全关口前移

福建是文物大省，截至2022年，全省共登记不可移动文物点33251处，其中全国重点文物保护单位169处，省级文物保护单位942处，市、县（区）级文物保护单位约5100处，文物安全是文物保护工作的重中之重，福建地处东南沿海，临海面台，文物安全环境复杂，多年来，受诸多客观因素影响，福建的不可移动文物安全工作存在管理不到位、维护不及时等问题，形势一直不容乐观。为此，福建省文物局守正创新，2022年在上杭县开展“文物保险+服务”试点工作，探索构建政府、商业保险和第三方专业科技公司共同参与的多层次、多渠道、可持续的文物保护单位的保护新模式。经过转变思维、综合性合作、引入科技手段、探索风险减量服务、开发闭环式保护体系等多个工作环节，通过保险与科技相结合的手段，将保险工作“前置化”，以“技防”延展弥补传统“人防”心有余而力不足的弱项，切实解决了文物保护单位面临的多个难题。

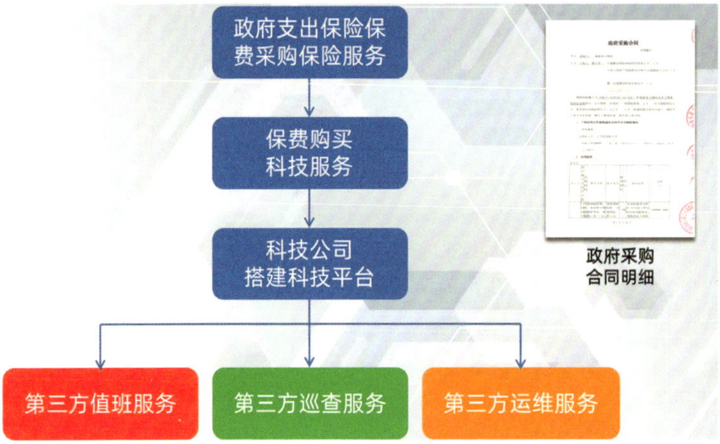

“文物保险＋服务”创新文物管护模式图

一　精准研判，多方联合实现文物安全关口前移

福建省文物局精准研判本省文物工作短板，科学合理地确定了项目拟定攻关的四大难点：

（一）文物保护单位管护不到位；

（二）巡查力量不足；

（三）维护经费缺乏；

（四）风险预防能力弱。

面对文物保护单位的安全风险，以及巡查力量不足，巡查方式受限，难以及时发现安全隐患和传统的资金来源难以满足保护需求，风险预防能力有限的困难局面，福建省文物局提高认知，转变思维，改变“亡羊补牢”式文物保险模式，针对“不可再生、不可复制、不可替代”的文物资源特点，在试点“文物保险＋服务”模式时，提出“防重于赔”的文物保险新思路。通过支付保险保费，推动保险公司工作前置，让保险公司为文保单位找疏漏、上设备、织密防护网，为每处文物保护单位量身定做安全

现场勘查

现场施工

可靠的保护方案，采用现代科技手段加人工巡查，防范在前。省文物局统筹资金、统一指导，区（县）文物行政部门作为建设单位支出保费，保险公司提供保险服务，并用保费的较大部分来购买第三方科技服务，形成“防重于赔”的文物保险新思路，全力杜绝标的物出险，为文物保护单位提供了更加全面的保障。

二　科学估值，合理利用文物保费

文物是不可再生的宝贵文化资源。传统“文物保险”标的物以可移动文物为主，鲜有为不可移动文物投保，因此其保险金额缺乏统一标准。福建省文物局与保险公司协商，采取“定值保险”方式约定标的保险价值，同时以文物“重置价”基值上浮20%的定价方式确定投保金额，最终将包括古田会议会址在内的28处49点省级以上文物保护单位纳入承保范围，保费229万元、保额1.51亿元，较为科学地解决了文物保护单位投保难定价的问题。

文物保护资金短缺是基层单位面临问题之一。文物保护专项

“定值保险”方式图

“解决日常维护经费”示意图

资金是采用项目分配法进行分配，主要保障文物修缮项目工程，日常维护经费通常由地方政府负责，因地方财政紧张，导致有些文保单位日常维护难以保障。针对这一问题，福建省文物局开展试点实践，协调保险公司预留20万元的“预防措施费用”，用于文保单位的小修小补，防止隐患扩大。同时，相关文物部门与保险公司签订的合同，明确除因自然灾害等意外事故责任外，新增偷盗损坏维修、烟熏清污等日常维护全部在“预防措施费用”中列支，解决了文物保护单位因局部损坏，后续维修经费难筹措的问题。

三　科技赋能，提升监管与防范能力

福建省文物局和保险公司采购第三方文物安全科技服务，引入了物联网技术、智慧监管平台和数字化巡查等现代科技手段，有效提升了文物保护单位的监管和安全防范能力。以上杭县为试点，为28处49点省级以上文物保护单位安装消防、安防、环境、结构等物联网设备1200多台套，在集中值班中心搭建智慧安全监管平台，改变了传统依靠人力的单一巡查方式，实现大数据24小时智慧监测。同时，开发配套手机APP和微信小程序，

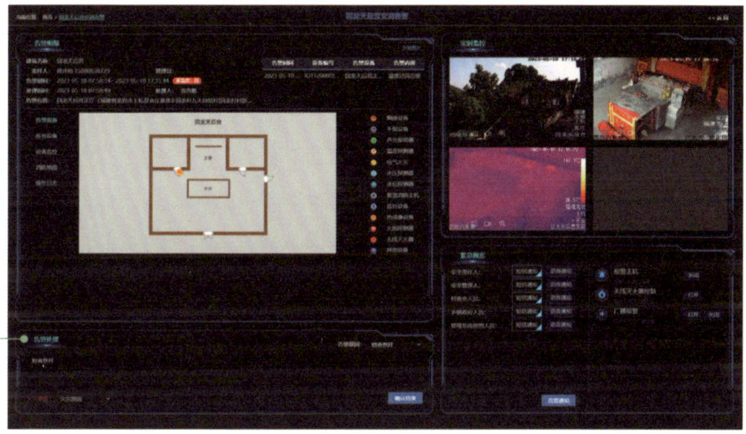

警情处理过程

安全监管平台

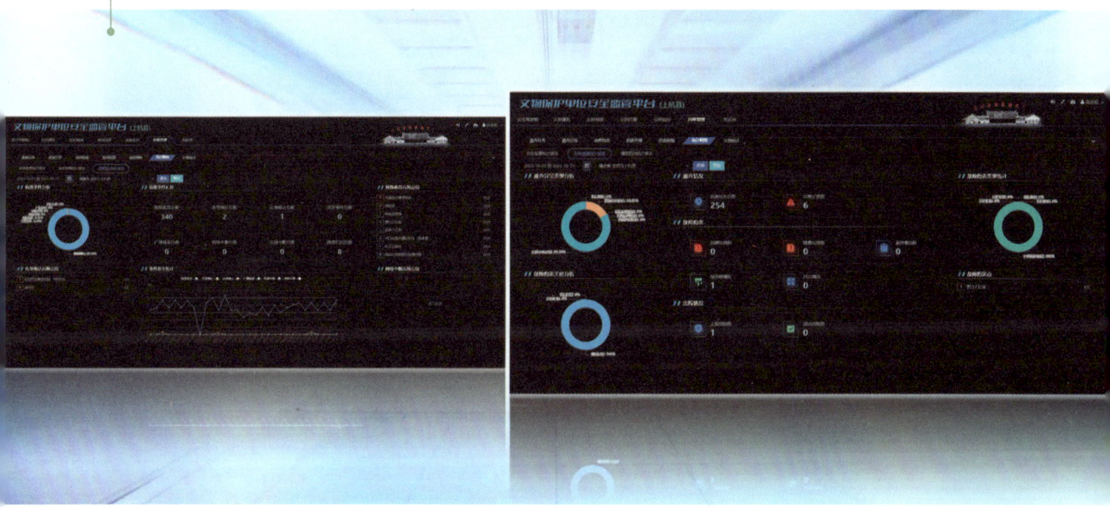

在实地巡查之外增加数字化第三方巡查，达成监测预警和日常监管网络化、信息化和精准化，实现实时和远程监测、监管，提升监测效率和监管效能。较好地解决了人员巡查不到位或是没巡查的问题，使每一处省级以上文物保护单位都能被巡查到，确保有人管、有人看、有人巡，文物安全责任人制度落到实处。

上杭县文物安全监管平台投入使用一年多以来，共处理各种警情13000多次，数字化巡查3300多次，将文物保护单位风险降到最低，将安全保护贯彻到每处文物、每一天，使安全工作可视可查可管可控可考可评，实现了全方位监督和管理。保险公司

数字化巡查

文保专用设备

项目现场验收图

在对文物保护单位进行专业、全面的线上线下巡查“体检”时，能及时发现安全隐患，2022年保险公司共查找安全隐患问题106个，修复解决问题98个，使用可预防措施费用17.34万元，日常维护部分文物保护单位，避免了隐患扩大。

经过一年试点，上杭县的“文物保险+服务”模式初步解决了文物保护单位管护不到位、巡查力量不足、维护经费缺乏等问题，构建了“发现及时、指令精准、跟踪到位、处置高效、反馈迅速”的闭环式文物保护体系。根据这一经验和成果，福建省文物局陆续在其他地区推广该模式，如在泉州市鲤城区、武夷山市、屏南县、南靖土楼、永定土楼等地开展推行，将更多区县的国保和省保单位及时纳入到“保险箱”内。

福建省不可移动文物保护工作通过“文物保险+服务”的创新模式，开创性地提出“防重于赔”的工作理念，将保险工作“前置化”，合理利用保费，对文物保护单位进行日常维护，购买第三方科技服务，通过建设智慧物联网系统和安全监管平台，实现文物保护的数字化和信息化管理，强化了文物部门对文物保护单位的监测和管理能力，促进安全防护更新升级，有效降低文物保护单位风险发生的概率。这一创新模式具有可操作性和可推广性，为文物保护利用带来了新的突破。

古陶瓷基因库 留存文物“密码”

景德镇御窑博物院

全球首个基于海量陶瓷考古标本和信息的基因库

构建全生命周期管理的综合数据体系

搭建陶瓷文化国际交流平台

景德镇御窑博物院发起建设的景德镇古陶瓷基因库，于2022年6月11日由江西省文物局授牌成立，是以考古出土的海量标本为基础，通过自动化作业线、基因标本的制备与信息采集，完善分析设备及硬件设施，建设成景德镇古陶瓷基因库数字化平台，这是全球首个基于海量陶瓷考古标本和信息的古陶瓷基因库。景德镇古陶瓷基因库在构建考古年代框架体系、研发古陶瓷鉴定新方法、复原古代制瓷工艺、开展相关历史研究，以及讲好中国故事等方面持续创新，响应了国家文物局《“十四五”考古工作专项规划》中建设“中华文明国家文物基因库”的号召，具有重要的理论和实践意义。

一　跨学科组团，“文”“理”“工”融合

景德镇古陶瓷基因库的建设，并不是景德镇御窑博物院“闭门造车”，而是与清华大学、中国科学院上海硅酸盐研究所、故宫博物院等多家单位共同组建了一个多机构、跨学科的顶尖研究团队。在组建过程中，各机构、各学科的专业知

识得到了充分的发挥和整合，形成了全面而深入的研究，不同领域的专家之间相互借鉴、协作交流，最大限度地避免了研究中可能存在的盲点及误区。同时，多机构、跨学科的合作还可以提高研究效率，让科研成果更快地得到应用，极大提高了基因库科研效率。

从事景德镇瓷器基因库建设工作的科研人员，需要根据现有完整古陶瓷器物的年代、形制、工艺等特征，先选定最具代表性者组成“标准器物流”，再完成“标准器物流”中每件标准器物所对应的实体样品制备与虚拟样品构建。其中，“实体样品”包括“残片样品”“截面样品”“薄片样品”与“粉末样品”四种形态，通过电子透射系统、激光光学系统、X射线系统、化学分析等观测分析方式，对样品进行微米与纳米级别分析；“虚拟样品”则是工作人员借助数字技术，采集标本表面的空间信息、颜色信息后，加工合成为可以在计算机或移动端设备上呈现的高精度三维数字模型。实体样品制备与虚拟样品构建工作完成后，便可以样品为信息元，全面涵盖景德镇瓷器的“考古信息片段”“胎料技术片段”“成型技术片段”“釉料技术片段”“装烧技术片段”以及“彩绘装饰片段”等基因片段信息。

景德镇古陶瓷基因库第一期知识图谱

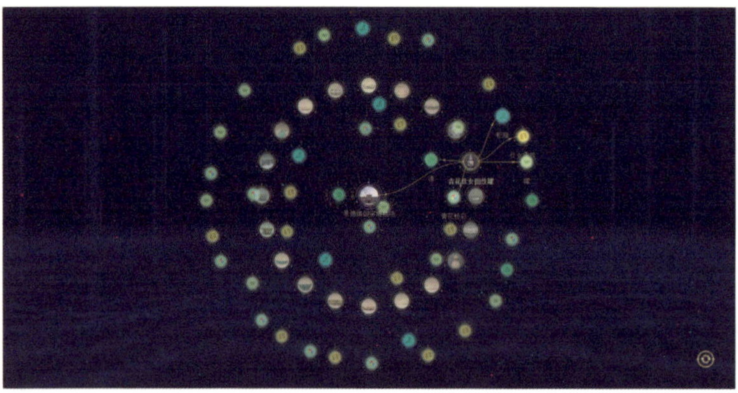

典型实体基因标本与基因库一期库房

二　规范化管理，确保数据稳定可靠

古陶瓷基因库的工作涉及制样、数据采集、分析等多个环节，而这些环节的标准化对于保证数据的准确性和可比性非常重要。因此，在景德镇古陶瓷基因库的建设中，需要加强对制样、数据采集等全流程的标准化，并建立一套完整的标准化流程和操作规范。同时，也需要加强对技术和设备的规范管理和维护，确保其正常运转和数据可靠。通过标准化流程和规范化管理，可以更好地保障数据的质量和可靠性，同时也为后续研究提供了更加稳定和可靠的数据基础。

基因库建设之初，陶瓷信息源自晚唐到民国时期的近2000万件景德镇古陶瓷标本，这些信息涵盖了考古、造型、纹饰、胎料、釉料、彩料、装烧、款识等核心数据，以及各大博物馆相关收藏、国内外其他考古发现、历史文献与相关研究等延展数据。

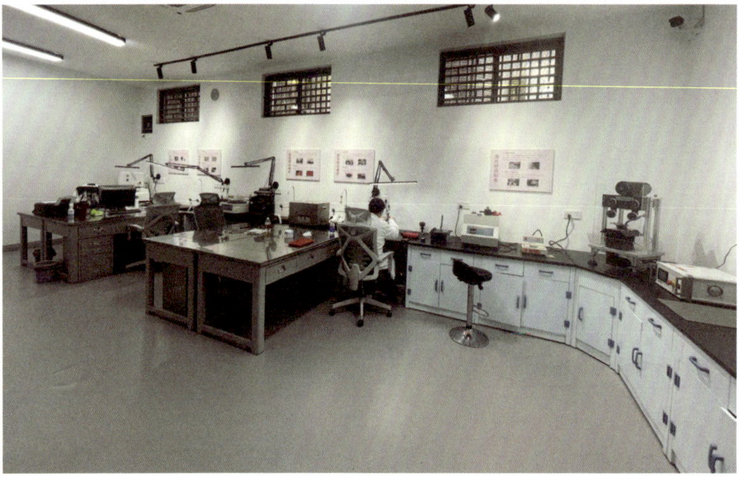

基因制样室

为解决数据杂、来源广的问题，景德镇御窑博物院团队运用标准化流程和规范化管理，确保来源明确、考古地层清晰的出土标本的准确性和权威性。与国内相关专家团队共同编写了《瓷器基因库实体样品管理、制备及保存标准》；与清华大学相关团队共同开发了景德镇古陶瓷基因库信息管理平台；与复旦大学相关团队共同开发了机器人自动化标本制样系统。一系列标准的制订与管理，确保了全部参与团队对文物信息的现状与细节的精准采集和还原，进而为构建高质量的景德镇古陶瓷基因库打下坚实基础。

三　高科技集成，“自成长”型基因库

景德镇古陶瓷基因库信息管理平台以景德镇御窑博物院的古陶瓷基因研究成果为基础，涵盖古陶瓷标本、藏品、基因、文献、考古出土、修复档案等数据信息，面向博物院管理、研究、展示、传播等场景化需求，构建古陶瓷基因库管理、基因数据共建共享、古陶瓷展示传播等应用系统，打通博物院古陶瓷基因数据和知识生产、管理、利用的全流程链条，通过大数据分析、知

识推理、文化价值挖掘等基因推理能力的建设，支撑古陶瓷研究、陶瓷文化创新及智慧传播应用的建设，打造可持续演进的古陶瓷基因库系统平台，有力支撑博物院古陶瓷考古、研究、展示、传播等业务的升级发展。

从数据角度，实现对古陶瓷基因标本与多维业务数据全生命周期管理的综合数据体系，从采集、治理到开发、应用，形成

古陶瓷基因库信息采集框架

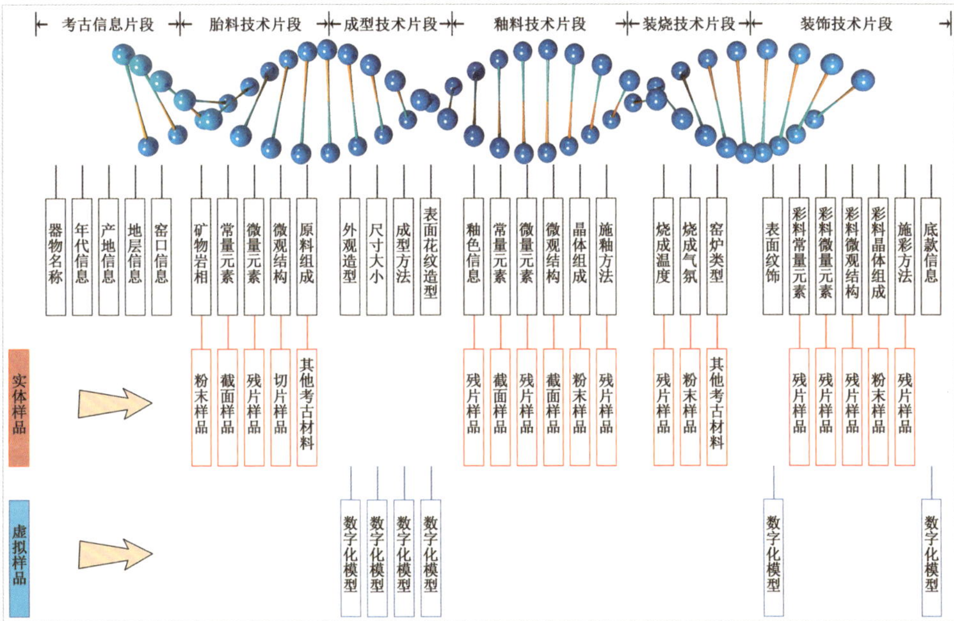

古陶瓷基因库系统平台

完整的基因数据管理与服务能力；从知识角度，构建考古、胎料、造型、釉料、装烧、纹饰、色彩、款识与共建共享为一体的“8+X”基因知识体系，实现基因库知识资产的留存、利用与智能化价值挖掘。同时，还开创性地将田野考古、室内整理、科技检测、文保修复、藏品管理、展览陈列、文创产品等业务内容与“8+X”的基因库核心建设思路相结合，共同整合在古陶瓷基因库信息管理平台中。

联合开发定制的机器人柔性制造系统，以控制柜为载体，利用机械臂实现古陶瓷基因标本的清洗、磨抛、喷涂、检测等各大模块的全自动化智能操作，极大提高基因库的建设效率。

景德镇古陶瓷基因库一期数据库于2023年6月正式上线时，

古陶瓷基因标本机器人柔性制样系统

长江口二号沉船出水清代瓷片

已收录1372套、2412件标本的数十万条数据。此前，长江口二号古船出水的3件清代同治时期的青花、粉彩标本也被纳入景德镇古陶瓷基因库，意味着基因库用于数据收集的材料，不再局限于景德镇当地瓷业遗址发掘出土的窑业标本。

四　共享式平台，创新数据资源利用新路径

“一花独放不是春，百花齐放春满园”，基因库的数据库建设一方面积极拥抱知识图谱和人工智能等前沿技术，另一方面从机制上鼓励全球和各界机构与人士参与共建共享。不仅是在科研团队内部坚持不同机构间研究成果的开放共享，还将相关收藏陆地遗址与水下沉船的考古发现，以及世界不同产瓷区的技术和文化交流等信息囊括其中，通过多级有序的开放模式，为研究者和公众提供更加合适、更加便捷的数据获取方式，搭建了“共情、共

“青花秘境”展览现场

“御窑四时”瓷乐队

明成化素三彩鸭型香薰

有、共享”的陶瓷文化国际交流平台。一期数据库上线后，博物院为研究者与公众提供了适合且便捷的数据获取方式。来自国内外文博机构、科研院校及其他组织的研究者，可通过申请样品和数据使用等方式分享研究成果。

此外，基因库的建设也为文化产业的开发和利用提供了新的机会和思路。“桑托斯宫

“岁岁鸭”相关文创产品

瓷厅虚拟在线”展览、“青花秘境”展览等项目，便是古陶瓷基因信息依托于博物馆，服务于展览展示、文创产品等方面的实践。此外，古陶瓷基因库对唐代兰田窑遗址出土的青釉腰鼓进行了复制，以此为基础组建了“御窑四时”瓷乐队，以御窑和景德镇陶瓷文化为主题推出了一系列原创作品，得到听众的一致好评，为古陶瓷基因库的宣传和推介提供了新颖的路径方法。2023年6月，故宫博物院移交1件诞生于景德镇明清御窑厂、由两院合作修复的明成化素三彩鸭形香薰，这件香薰的各项数据已被纳入景德镇古陶瓷基因库。景德镇御窑博物院、源流运动、鲁迅美院工艺美术学院利用基因库资源，随即展开鸭形香薰IP形象“岁岁鸭”的设计，以及相关文创产品的开发。古陶瓷基因库的建设不仅有益于文物的研究保护，也为推动文物利用和文化产业的发展提供了新的动力。

景德镇古陶瓷基因库是全球首个基于海量陶瓷考古标本和信息的基因库。它将基因科技与文物保护利用相结合，通过多学科的合作和规范化、标准化的管理，确保了数据的准确性、权威性，对构建考古年代框架体系、研发古陶瓷鉴定新方法、复原古代制瓷工艺、推动陶瓷数字藏品与文创融合等方面有积极意义，有助于向世界讲好中国瓷器故事。同时，基因库多级有序地面向国际社会开放共享，搭建了“共情、共有、共享”的陶瓷文化国际交流平台。此外，基因库赋能展览策划、文创开发、艺术设计等，为文物保护、研究、利用、传承等领域开拓了新的思路和方法，为其他文物基因库的建设提供了实践经验。

“联合认证、共建共管”突破国有行业博物馆发展“瓶颈”

山东省文物局

引导、规范

帮扶、同行

跨界、融合

27家国有行业博物馆完成设立备案实现规范化管理

山东省行业博物馆发展迅速，众多已实际承担博物馆功能的国有行业博物馆，碍于隶属关系复杂、尚未纳入编制核定范围等原因，无法完成博物馆备案设立并纳入规范管理。为解决这一困境，山东省文化和旅游厅（山东省文物局）与相关单位积极探索实践“联合认证、共建共管”机制，破解制度性难题，推动27家国有行业博物馆完成设立备案，纳入全省博物馆管理体系，创新打造了国有行业博物馆发展的新路径。

一　创新探索“共建共管”机制

行业博物馆主要隶属于不同的行业管理部门，多年来的发展过程中，一直面临着定位不清晰、专业管理和制度不健全，发展规划不完善，资金、藏品、人才短缺等“瓶颈”问题。截至2023年10月，山东省备案在册的762家博物馆中，行业博物馆共计110家，占比14.4%。除此之外，还有相当数量尚未达到《博物馆条例》等相关文件中所要求

青岛电影博物馆外观

备案条件的行业类博物馆。

习近平总书记指出，中国各类博物馆不仅是中国历史的保存者和记录者，也是当代中国人民为实现中华民族伟大复兴的中国梦而奋斗的见证者和参与者。为全面贯彻习近平总书记关于文物工作重要论述和重要指示批示精神，落实中央宣传部、国家文物局等九部委《关于推进博物馆改革发展的指导意见》，山东省委宣传部、省文化和旅游厅等八部门《关于山东省博物馆改革发展的实施意见》，山东省文化和旅游厅（山东省文物局）起草《关于博物馆联合认证、共建共管合作框架协议》，并征求法律机构意见，“探索建立行业博物馆联合认证、共建共管机制，将高校博物馆、国有企业博物馆等纳入行业管理体系，引导文物系统富余资源在运营管理、充实藏品、保护修复、开放服务等方面支持行业博物馆”。“按照‘谁审批、谁监管，谁主管、谁监管’原则，加强对未经备案但以‘博物馆’等名义开展活动的机构的管理”。压实共建双方部门主体责任、明确目标任务。博物馆所属上级部门落实博物馆办馆自主权，建设符合国家规定的展室、藏品保管场所，合理安排专业技术和管理人员，赋予行业博物馆在办馆模式、资源配置、社会参与、社会服务等方面的自主权，并可以承担相应的民事责任。文物行政部门在博物馆运营管理、藏品研究、文物保护修复、陈列展览、开放服务等方面提供支持。推进博物馆健全议事规则与决策程序、完善博物馆馆长负责制、优化博物馆法人治理结构，推动行业博物馆规范发展。

二 破圈培育“博物馆+”新业态

实施“博物馆+旅游”“博物馆+教育”“博物馆+工业”“博物馆+体育”“博物馆+中医药”“博物馆+铁路”“博物馆+老字号”等融合发展战略，跨行业跨领域汇聚博物馆发展合力。山东省文化和旅游厅（山东省文物局）与省商务厅联合印发《山东老字号与博物馆融合和发展行动方案》，与省体育局联合印发《关于开展体育类博物馆设立备案工作的通知》，联合省工信厅对全省工业博物馆进行调查梳理。依托省内丰富的工业遗产资源，鼓励有条件的地市建设有地域特色的工业行业博物馆，在运营管理、充实藏品、保护修复、开放服务等方面提升工业博物馆发展

昌邑市海洋科普博物馆

济南影像博物馆

青岛中医药文化博物馆

水平，形成具有示范性和影响力的工业博物馆文化品牌。

将行业博物馆纳入博物馆大家庭，发挥有别于历史类、艺术类、综合类博物馆的行业特性优势。汇聚行业力量，整合资源，打造以行业为主题易于推广引流的临时展览，或与其他博物馆联合办展的良好互动，丰富广大人民群众的精神生活。

三　各级联动推动国有行业博物馆发展

鼓励省内各地文物部门和国有行业博物馆上级主管部门进行前期协商，达成联合认证意向，推动框架签署落地。充分利用文物部门、国有博物馆资源优势，特别是国家一、二、三级博物馆的管理、人才、技术、资源优势，对部分行业博物馆分批次开展帮扶工作，指导国有行业博物馆找准定位、发挥行业文化优势、规范履行备案登记程序，共同推动国有行业博物馆由点及面稳步发展。然后再因馆施策，具体指导行业博物馆提质升级，规范藏品管理制度，丰富社会教育活动，盘活文化资源，有效延展博物馆公共文化服务，促进博物馆的“蝴蝶效应”，推动博物馆建设

海盐博物馆社教活动场景

淄博警察博物馆

产生积极变化。

在中共山东省委宣传部、省教育厅、省工业和信息化厅、省卫生健康委员会、省体育局等部门的支持下，通过签订“联合认证、共建共管”框架协议，全省已有包含中医药、铁路、体育、电影、工业在内的27家国有行业博物馆建成开放。

博兴县中医药文化博物馆制作香囊

山东临朐山旺国家地质公园博物馆

27家国有行业博物馆

- 商河县中医药文化博物馆
- 青岛崂山矿泉水博物馆
- 青岛贝林自然博物馆
- 青岛电影博物馆
- 青岛葡萄酒博物馆
- 东营市河口区老马场博物馆
- 章丘明水浅井黏土矿工业文化博物馆
- 山东铁路博物馆（胶济铁路博物馆）
- 博兴县中医药文化博物馆
- 山东临朐山旺国家地质公园博物馆
- 威海市文登区米山水库博物馆
- 台儿庄国家安全教育博物馆
- 无棣县华夏海盐博物馆
- 潍坊英美烟公司旧址博物馆
- 潍坊报业博物馆
- 金乡县影视美育博物馆
- 济南市历城区文史哲阅读博物馆
- 淄博师范高等专科学校博物馆
- 淄博警察博物馆
- 青岛海盐博物馆
- 青岛中医药文化博物馆
- 淄博职业学院博物馆
- 济宁高新区接庄博物馆
- 济南皇亭体育文化博物馆
- 济南影像博物馆
- 栖霞市胶东抗大博物馆
- 昌邑市海洋科普博物馆

无棣华夏海盐博物馆

栖霞市胶东抗大博物馆

这些行业博物馆主题鲜明、特色突出，从自然到人文，工业到农业，从物质生产到精神世界，涉及领域丰富多元。它们主要分布在济南、青岛、枣庄、东营、潍坊、济宁、威海、滨州8市，共有藏品1.49万件，展览面积4.68万平方米，年举办教育活动788场次，接待观众33.2万人次，为观众展现了特定领域的知识世界和文化精神内涵，促进了公众对有关行业的认识和理解，是科普教育、爱国主义教育、实业教育和美学教育的重要场所，成为公共文化服务的重要组成部分。

山东探索实践“联合认证、共建共管”机制，将国有行业博物馆纳入规范管理，深入挖掘行业博物馆的文化价值，发挥其作为博物馆的效用和功能；充分发挥国有博物馆资源优势，对部分行业博物馆分批次开展帮扶工作；以“跨界出圈、融合共赢”的方式，有力推动行业博物馆规范繁荣发展，服务人民美好生活。这一机制，切实解决国有行业博物馆发展“瓶颈”问题，为全国国有行业博物馆的管理与发展提供借鉴。

健全文物安全保护体系
守护世界文化遗产

安阳殷墟世界文化遗产保护管理委员会

“网格化分级”管理

“行政+司法”联动保护

“人防+技防”立体防控

殷墟，我国历史上第一个有文献可考，并为甲骨文和考古发掘所证实的商代晚期都城遗址，2006年7月，被联合国教科文组织列入世界文化遗产名录。为高质量推进殷墟保护工作，进一步健全完善殷墟文物安全制度和体系，2019年3月，河南省委机构编制委员会批准设立安阳殷墟世界文化遗产保护管理委员会（以下简称殷墟管委会），代表安阳市委市政府统筹协调殷墟遗址保护管理利用工作。殷墟管委会牢记习近平总书记的殷殷嘱托，夯实殷墟文物保护工作基础，筑牢殷墟遗址安全防护墙，创机制、强基础、解难题，扛稳殷墟安全重大政治责任，守牢文物安全底线、红线、生命线，探索出一条符合工作实际，具有安阳特色的文物保护新路径。

一　织密网格体系，夯实工作责任，形成“网格化分级”管理的大遗址保护格局

殷墟管委会按照属地管理、分级负责的原则，建立健全“一级网格抓总，二级网格抓细，三级网格抓实，四级网

格抓具体”的殷墟文物保护网格责任体系，统筹协调、监督各级网格严格落实“五有一规范”要求。在此基础上，开展“巡边勘界 守护殷墟”边界巡查等活动，进一步明确保护区内属地政府、乡（街道）责任区域，压实文物安全责任，并利用保护智慧巡更平台和“守护殷墟”专用手机对监控巡防情况和网格员信息报送情况实时监管、及时报送，切实扣紧文物安全责任链条，确保殷墟遗址安全。

殷墟技防监控中心——监控大厅

二　统筹各方资源，创新管理模式，建立“行政+司法”联动保护机制

为保障殷墟安全，安阳市委市政府将殷墟保护范围内多区共管调整为殷墟管委会统筹协调各区、各有关部门，将文物安全纳入政府年度目标考核，创新了权责明确，职责清晰的保护机制。聚焦聚力短板弱项，以建立“行政+司法”联动保护机制为抓手，致力构建文物保护“大格局”，实现行政与司法良性互动。构建与属地公安、文物局、乡（街道）联合巡查机制，先后联合开展了殷墟文物安全“冬季行动”“守护大殷墟公安在行动”集中巡逻盘查行动、

公安、社区文物保护网格员联合巡查

“除隐患促安全”百日大排查专项治理行动和“无人机夜间巡查”等专项行动。严厉防范文物犯罪，营造殷墟保护和发展的良好社会环境。构建市、区两级法院司法保护联动机制，建立殷墟世界文化遗产司法保护基地，通过巡回审判、聘用文物专家担任调查官、信息联动共享、开展联合宣传等，综合运用司法力量和行政力量形成保护合力，擦亮殷墟世界文化遗产这一名片，为殷墟提供全方位的司法保障。构建与司法机关公益诉讼协作联动机制，积极与市、区检察院沟通对接，建立殷墟保护协作机制，充分发挥公益诉讼职能，依法督促行政机关全面履职，引导企业法人和基层群众学法、知法、用法，形成群防群治、全民自觉守护殷墟的良好局面。

三　加大防范投入，提升防范能力，建设“人防+技防”立体防控体系

殷墟管委会与各职能部门充分发挥职能优势，分工协作，齐抓共管；所辖各区、乡（街道）、村（社区）上下贯通，凝神聚力。在加强落实保护责任的基础上，注重科技手段的应用，加强殷墟遗址文物安全。通过技防手段支撑和覆盖，提升遗址全区域

空闲厂房联合排查

智慧殷墟文物保护巡更平台

文物安全防范能力。投资1.28亿元建设殷墟遗址保护区智慧技术安全防范系统，打造“高空、空中、地面”三层防护网，增设高清摄像头2650个，专业无人机2台，整合高清监控、车辆卡口、高空瞭望、人像识别等先进安防技术，对殷墟进行全天候、全覆盖、无盲区监控，打造维护殷墟安全的技防新高地。2021

年2月投入使用以来，通过视频侦查、合成研判，抓获涉殷墟文物旧案犯罪嫌疑人5人，侦破保护区内其他刑事案件27起，抓获犯罪嫌疑人32人；利用建成的空中防护网，加强对保护区内疑似非法动土和火情隐患实时监控，2022年共发现疑似非法动土28例、火情隐患15例，及时控制了隐患。

四　加强宣传引导，营造舆论氛围，建立“震慑+引导”群防群护体系

群防群护防控体系是文物保护的重要组成部分，殷墟管委会坚持以引导为主，群防群治为补充，形成全民参与、全民参保的整体防控局面。

开展“普法进社区　以案警世人”文物保护普法宣传

“守护大殷墟 法官在行动”普法宣讲

一是以巡查促宣传，全面增强震慑力　开展突击检查、专项排查、公安盘查，并深入田间地头、门市商店、企事业单位等及时了解文物安全状况，同时发放宣传单、张贴宣传页5万余份，向学生及家长发送《保护文化遗产，守望精神家园公开信》3万余份。春节期间发放宣传单、倡议书、公开信、电话举报宣传牌等近10万份，制作发放文物保护宣传挂历4500余份。通过规范巡防队员着装、巡防摩托车喷绘“殷墟巡逻”标志、网格员手持“守护殷墟”标志手机等形式，强化殷墟保护“曝光率”，营造浓厚氛围，形成了高压态势。

二是以活动造氛围，全面提高吸引力

结合殷墟保护工作实际，组织“守护文化根脉、传承中华基因”文艺会演、“守护大殷墟 法官在行动”普法宣传活动、“守护殷墟、无上光荣”殷墟文物保护警示牌挂牌活动、“科技展威力 天眼护殷墟”殷墟技防中心观摩教育培训活动。全面提升广大群众的文物保护意识，动员组织群众参与到殷墟保护中来，形成群防群护、全民自觉守护殷墟的良好局面。

做好殷墟保护工作，立足实际、创新机制是根本，凝聚共识、形成合力是关键，观念更新、科技支撑是基础。安阳殷墟世界文化遗产保护管理委员会担负殷墟保护管理、传承、利用的政治责任，守牢守好殷墟文物安全红线、底线，推动殷墟世界文化遗产的高质量发展。

建设研究型博物馆 激发创新创造活力

湖南博物院

纳入科研事业单位管理

健全人才培养体系

强化激励约束机制

建设研究型博物馆，是“十四五”时期我国博物馆改革发展的一项重点任务。湖南博物院立足新发展阶段、贯彻新发展理念、构建新发展格局，以文物事业高质量发展为主题，在科研管理体系创新发展领域积极探索和实践，从机构改革、制度创新、平台搭建、人才管理等多个维度发力，以组织创新健全科研体系，以项目规划构建人才梯队，以激励机制激活创新活力，逐步形成了较为完备的科研管理体系，实现了从文化艺术类公益事业单位到兼具科技部门指导的科研事业单位的转型。

一　创新组织管理，完备科研制度

湖南博物院以博物馆科研创新为发展方向，逐步进行组织机构改革和科研制度体系建设，夯实科研基础力量。2020年，湖南博物院设立科研与编辑出版部，设置专职科研管理人员，厘清了科研工作职责。同年，被湖南省科学技术厅纳入“科研事业单位管理”序列，成为湖南省第一个文博类科研事业单位，也成为全国省级博物馆中为数

湖南博物院荣誉墙一角

不多的案例。2021年，湖南博物院开始逐步探索符合博物馆科研工作规律的管理模式和方法，将“科研与编辑出版部”更名为“科研管理部”，将原有的图书资料与档案管理、编辑出版、专业机构管理职能划转，使科研管理部成为负责科研规划编制、科研项目/平台管理、科研资源建设、科研成果管理和宣传、科研交流合作、推进文化和科技融合的专职部门。

随着研究型博物馆建设实践的逐步深化，湖南博物院启动了科研制度体系（一期）建设，从科研制度层面实行科研单位的规范化管理。目前，已经制定了《湖南省博物馆科研经费管理办法》《湖南省博物馆科研项目（课题）管理办法》《湖南博物院职务科技成果转化奖励办法》《湖南博物院科研成果认定及奖励试行办法》《湖南博物院科研经费使用“包干制”管理办法（试行）》《湖南博物院科研诚信管理办法》等，从无到有，从有到精，逐步为研究型博物馆建设奠定较为坚实的科研制度基础。

二　创新平台搭建，扩充科研资源

近年来，湖南博物院立足高质量发展实际，在已经是博物馆数字展示研究国家文物局重点科研基地依托单位、湖南省马王堆古尸和文物研究保护中心组建单位，以及文物保护领域物联网建设技术创新联盟、丝绸之路文物科技创新联盟、文物保护装备产业化及应用协同工作平台、国家文物局重点科研基地西藏联合工作站成员单位的基础上，进一步凝练科研生态，成功申报了湖南省文博行业第一个省级重点实验室——科技考古与文物保护利用湖南省重点实验室，相继成为湖南省文化和科技融合示范基地（单体类）、湖南省企业科学技术协会联合会理事单位，还被纳入“十四五”期间享受科技创新进口税收政策的研发机构名单。

依托于创新平台的搭建，湖南博物院积极探索博物馆与市场主体协同创新发展机制，整合资源，拓展横向联络，加强博物馆与高校、科研院所及相关社会机构合作研究，协同承担国家级、省部级科研课题30余项，组建了5个联合工作站，深入开展以特色馆藏为基础的课题研究，及时将研究成果转化为展览、教育资源，并结合博物馆发展、地方历史文化等多个业务板块，组织举

科研沙龙

办学术沙龙和会议，开展广泛的学术讨论，增强湖南博物院在学术领域的影响力和号召力，真正实现了平台共建、制度共享、科研共进。

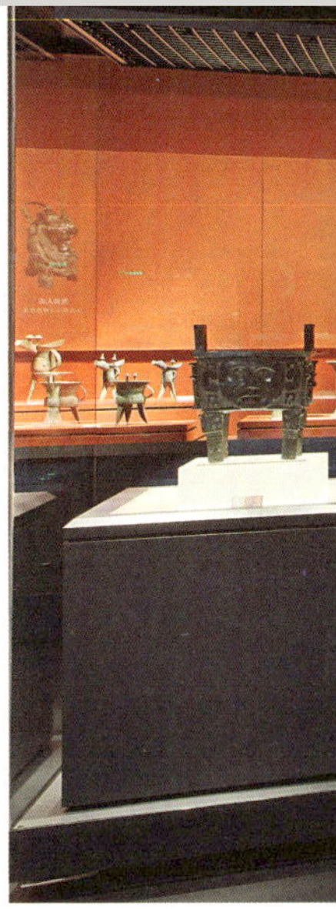

三　创新人才培养，落实激励机制

为持续提高科研创新发展能力和核心竞争力，湖南博物院将人才梯队建设作为快速前进的第一保障。通过围绕博物馆高质量发展确立重点研究方向，探索科研团队建设新模式，跨专业、跨部门，打造了由学术带头人、中青年骨干、青年专业技术人员组成的科研团队。同时，以科研项目为纽带，进一步提高科研队伍专业化水平。2022年，湖南博物院成功申报成为湖南省内文博行业第一家国家博士后科研工作站，以及湖南省文化遗产保护

“王者归来——中国古代青铜器巡礼”展览海报

皿方罍

利用研究生联合培养基地，形成了从大学至博士后的人才培养体系，以期持续推动研究型博物馆常态化稳定发展。

为进一步激发科研内在活力，激励全院科研人员的积极性和创造性，湖南博物院制定了多项科研激励机制：一是两年一次的科研成果认定及奖励：从全院绩效奖励中专门划拨一定数额的资金作为奖金，2021年，全院科研成果奖励73人，发放奖励资金9.975万元；二是课题绩效奖励：通过规定国家级、省部级等纵向科研课题绩效奖励的发放要求和标准，明确课题绩效奖励可发放给课题组成员，绩效奖励可如实足额发放，突破了以往博物馆行业内不能发放科研绩效奖金的局面，近两年共有8项国家级、省部级纵向科研课题发放绩效奖励资金31.77万元；三是作为实施职务科技成果转化奖励的国内首家博物馆：近两年，共实施了38项职务科技成果转化奖励，发放奖励资金85.98万元。

“听·见湖湘——湖南音乐文物与故事展”海报

“听·见湖湘——湖南音乐文物与故事展”展厅现场

四　立足馆藏特色，促进成果转化

在向研究型博物馆转型的过程中，湖南博物院充分认识到将学术研究与知识传播贯穿博物馆基本业务及社会服务活动的重要性，重视并努力实践多学科协同的知识构建及传播模式，开拓博物馆通过知识构建和传播参与社会发展的新路径。

2021年，湖南博物院联袂中国国家博物馆主办的“王者归来——中国古代青铜器巡礼”中华文明系列原创特展，荣获第二十届（2022年度）全国博物馆十大陈列展览精品。2022年，湖南博物院推出了基于“十三五”国家重点研发计划课题“基于知识

“湖南人——三湘历史文化陈列”展厅

图谱的文物展览展示关键技术研究与示范”策划的成果展“听·见湖湘——湖南音乐文物与故事展”，展现了知识图谱赋能展览展示创新，用科研和匠心让文物“活”过来，让文化“火”起来。

这些以馆藏特色为基础，将学术研究转化为展览资源的成功案例，反映了湖南博物院在探索研究型博物馆创新发展之路上取得的成绩，既切实发挥了学术研究对博物馆各项业务活动的引领和支撑作用，也切实践行了博物馆培育公民科学素质的社会责任，更有利于把中华文明历史研究引向深入，推动文物事业高质量发展，满足人民群众日益增长的文化需求。

湖南博物院通过创新组织管理制度、搭建学术科研平台、健全人才培养体系等举措，常态化、规范化、科学化地将科研与博物馆各项工作有机融合，深度发掘博物馆藏品的研究价值，切实发挥学术研究对博物馆业务的主导性、支撑性作用，逐步走上以建设研究型博物馆为导向的创新发展道路，形成了较为完备且具有示范意义的科研管理体系，为全国研究型博物馆建设贡献了有益经验。

打造粤港澳大湾区文化遗产游径 传承弘扬同根同源文化

广东省文物局

主题鲜明　标识统一
活化文物　保用结合

8大主题44条游径，串珠成链

强化三地文化认同与精神凝聚，
向世界讲好湾区故事

粤港澳大湾区文化遗产游径由广东省文化和旅游厅（广东省文物局）联合广东省自然资源厅、广东省住房和城乡建设厅共同推出，以线性文化遗产的方式打造一系列主题鲜明、内涵明晰、影响突出的文化旅游路径，携手香港文物径、澳门历史城区等大湾区文化遗产资源，深入挖掘岭南优秀传统文化，共同面向世界讲好湾区故事。现已建成8大主题共44条广东省粤港澳大湾区文化遗产游径。

一　高位推动，提升游径建设效果

2019年、2022年的广东省人民政府工作报告中，均提出了建设大湾区游径的工作目标。2019年以来，广东省从重点文物保护专项资金中拨付用于游径创建工作的经费超1000万元，有效保障了游径建设的基础工作，成为撬动地方资金投入的敲门砖。省文化和旅游厅（省文物局）编制了《广东省粤港澳大湾区文化遗产游径总体规划》《广东省粤港澳大湾区文化遗产游径建设说明》《粤港澳大湾区文化遗产游径构建标准与重要史迹点指导方案研究》《广东省粤港澳

非物质（粤剧）文化遗产游径——万福台

近代商埠开放文化遗产游径——广州沙面建筑群之法国东方汇理银行

大湾区文化遗产游径标识系统（视觉规范手册）》《广东省粤港澳大湾区文化遗产游径旅游产品与市场开发研究报告》等一系列指导性文件，推动游径建设，现已建成孙中山文化遗产游径、海上

西学东渐文化遗产游径——太古仓旧址

华侨华人文化遗产游径——逵园

丝绸之路文化遗产游径、华侨华人文化遗产游径、古驿道文化遗产游径、海防史迹文化遗产游径、西学东渐文化遗产游径、近代商埠开放文化遗产游径和非物质（粤剧）文化遗产游径。

孙中山文化遗产游径——中山纪念堂

二　标识统一，联通湾区共同文脉

粤港澳大湾区文化遗产游径以历史为纽带，以游径为“线”，将分散的、承载着粤港澳大湾区共同记忆和文化情感的历史文化资源串珠成链。通过聚焦如孙中山、海上丝绸之路、华侨华人文化、海防史迹文化、近代商埠开放文化、粤剧等在三地群众生活经历中有深厚文化基础的主题，串联与主题相关的文化遗产。粤港澳大湾区文化遗产游径主标识的设计理念为：粤港澳大湾区因海而生，与海共荣，以广州历史悠久的市舶制为设计的概念来源，背后的三个方格框，寓意粤港澳三地，表现形式是模仿古本的方格，前面的三条弯线同样寓意三地，亦象征海浪、路径，通过三线的流动，连接了三地，贯穿了地理历史文化。针对不同主题游径，还设置了专门的颜色和标识图形以便区分。统一标识的设立，有助于打破文化遗产的空间物理隔离，凸显游径的线性文化遗产特征，进一步增强游径的可读性和故事性。

三　盘活资源，促进文化遗产传承发展

在粤港澳大湾区文化遗产游径工作思路的指引下，持续探索游径外延、文物和文化遗产保护传承发展的新理念和新模式。

海防史迹文化遗产游径——赤湾烟墩

海防史迹文化遗产游径 ——南头古城

海防史迹文化游产游径——大鹏所城

开展游径沿线文物修缮及环境提升工作　“深圳赤湾炮台游径”已完成左炮台整体环境提升工程和赤湾片区宋少帝陵环境提升工程；“深圳南头古城游径”已完成新安烟馆、县衙等建筑修缮布展。阳江市将游径资源点省级文物保护单位七贤书院打造为阳西县博物馆、文创基地和研学基地，将泰安堡打造为红色文化展馆。肇庆市开展了游径资源点叶挺独立团团部旧址、羚羊峡古道清风阁摩崖石刻、东禺梁氏宗祠、崇禧塔、元魁塔等一批游径沿线不可移动文物的修缮保护工程及环境整治项目。惠州市游径资源点省级文物保护单位东湖旅店重新修缮布展后获评“2020全国革命文物保护利用十佳案例”。

举办丰富多彩的文化活动　清远市在游径资源点上岳古村举办农民象棋赛，在陂角村和高岗社岗下村举办佛冈乡村春晚，在

近代商埠开放文化遗产游径——思豪大酒店旧址

“田野旅世界”举办徒步活动。揭阳市在游径资源点组织开展书画展、古乐器演奏、红色教育等主题活动，观众超 100万人次。珠海市策划《串珠成线——珠海市历史文化游径》流动展，在全市文保单位、文化场馆、社区、学校等展出，制作与游径相关的文创产品，如瑞芝祠书签、中山纪念亭钥匙扣等。肇庆市活化游径资源，承办了2020年南粤古驿道“Hello 5G杯”定向大赛第四站赛事和“红动100”社会体育系列活动启动暨红色徒步活动

肇庆站。河源市在游径资源点上举办红色研学活动，以此将文化旅游产品与开展主题党日活动相结合。

推进游径建设与区域协调发展　中山市将游径建设纳入国家公共文化服务体系示范区和国家全域旅游示范区创建工作，不断完善文化遗产游径沿线相关旅游基础设施建设，打造以移动端为主、线下手绘地图为辅的游径智慧导览系统，实现“一部手机游中山”。佛山市把游径规划建设纳入《佛山历史文化名城保护规划2020-2035》《佛山市博物馆之城规划》《佛山市全域旅游规划》及《桑园围灌溉工程遗产保护与利用规划》《桑园围水脉规划》等专题规划，提升游径建设可行性、针对性。东莞市把游径建设纳入中心城区“一心两轴三片区”建设重点，打造能够体现东莞城市精神灵魂和核心特质的活力历史街区。肇庆市将打造“文化遗产游径”纳入《肇庆市实施旅游振兴三年（2019-2021）年“十大行动”计划》，设置游径标识牌，为游客提供游径线路、文化遗产、景区景点、公交站点、停车场地、公共厕所以及游客服务中心等公共服务设施信息。

海上丝绸之路文化遗产游径——南风古灶窑址

四　创新宣传手法，打造文旅融合“新名片”

粤港澳大湾区文化遗产游径鲜明的主题设计，既能更好地串联文化遗产，整合文化遗产资源，又能强化粤港澳文化认同与精神凝聚，同时也有利于文旅市场产品开发，能有效补齐城市一日游、半日游线路文化主题内涵不足的短板，让大量商务游客实现从商务旅游向文化旅游的转变。大湾区文化遗产游径公布以来，数以万计的游客踏上了游径，各大旅行社纷纷推出游径旅游线路。

华侨华人文化遗产游径
——开平碉楼与村落

2020年6月13日，广东省发布第一批广东省粤港澳大湾区文化遗产游径并获央视《新闻联播》报道。2021年，举办“品粤剧悠长韵味 传岭南曲艺精髓”——广东省粤港澳大湾区文化遗产游径体验日活动。2022年举办“品读文化遗产 体验文化魅力”——2022年粤港澳青年广东省粤港澳大湾区文化遗产游径体验活动。出版广东省粤港澳大湾区文化遗产游径主题图书《走读大湾区文化遗产游径》，推出“走读大湾区文化遗产游径之声临其境”音频作品，在

2022年粤港澳青年广东省粤港澳大湾区文化遗产游径体验活动

学习强国、喜马拉雅等平台播放。与广东电视台联合推出游径宣传片以及《趣游记》儿童节目。游径内容先后被中央电视台、《中国文化报》《中国文物报》、中新社、央视网、《南方日报》、广东电视台等央级、省级媒体报道。在2023年“文化和自然遗产日”期间，精选广州孙中山思想传播游径、广州海丝申遗史迹游径、江门开平碉楼与村落世遗游径等编绘广东文物游径地图，推出“古韵南粤 云游湾区”小程序，举办首批“广东考古游径”推介官征集活动，组织三地青年走读考古游径等。未来，还将通过推出更多文旅产品，举办更多系列活动，持续提升游径影响力和知名度。

广东省粤港澳大湾区文化遗产游径以粤港澳三地同根同源的岭南文化为桥梁、纽带，梳理粤港澳一脉相承的大历史，讲好大湾区故事，把散落在岭南大地的文物、文化资源串珠成链，打破文化遗产保护点状式利用的传统，致力于进一步增强三地民众的文化自信与文化自觉，传承中华优秀传统文化，既为旅游注入浓墨重彩的文化基因，又为文化精神的传承弘扬增添喜闻乐见的新方式，形成了一套独具特色和鲜活生命力的文物主题游径建设经验。

开放考古遗产资源 推动让文物活起来

重庆市文物考古研究院

考古→研究→传播→阐释→利用一体化

考古书院、透明库房、虚拟体验、知识传播、资料共享、社会参与、IP转化

重庆市文物考古研究院立足自身考古遗产资源，通过教育互动、科技联姻、创意嫁接、旅游相融，创新打造“三馆一院”阐释展示和考古研学系列项目，全方位促进考古遗产“活”起来，使陈列在大地上的遗产焕发光彩，沉睡在库房的文物重获生机，书写在古籍里的文字绽放活力，系统性推进了遗产资源和考古成果与全民共享，开创了考古机构活化开放考古遗产资源的新模式。

一　创新文物建筑多维度活化利用

以考古文化、历史风韵为主线，深度挖掘文物建筑历史价值、文化价值，积极创新探索文旅融合新路径。引入社会力量参与，联合打造“重庆故事馆·枇杷山宝库”综合文旅项目，共同开发“青少年研学游”“我在山城修文物”“红色团建”等多个特色活动项目，创排红色党建剧《无声的英雄》、沉浸式悬疑话剧《雾起江州》，为市民朋友构建丰富多彩的公共文化空间。与市内8所中小学校联合创立全国首个“考古联盟校”，通过系列考古研学活动，培育提升青少年对考古工作的兴趣，厚植中小学生历史文化底蕴。

重庆故事馆话剧——雾起江州

我在山城修文物

二　创新考古标本多层次透明展示

围绕“透明库房”理念，建成国内首个仓储式“考古标本陈列馆”，占地面积1500余平方米，以“半藏半展”形式将考古库房开辟为兼具文物保管、社会教育、文化传承三大功能的研究阐释利用基地，以复原、裸展、库展等方式展出考古标本3000余件，涵盖《春秋不朽——重庆古代墓葬复原陈列》《美石美刻——重庆考古出土雕刻艺术标本陈列》《巴风渝韵——重庆考古标本陈列》等展览，构建起集

重庆考古标本陈列

考古文化研学游

文物保管、社会教育、文化传承等多种功能为一体的保护研究基地，系统呈现出重庆历史文化发展脉络，使更多“藏在深闺”的文物标本走进公众视野，搭建起公众特别是青少年探知巴渝文脉的桥梁。自开放以来，受新华社、人民网等多家新闻媒体关注宣传，累计接待研学团队等约2.4万余人次。

三　创新考古文献多形式开放共享

主动打造社会公众阅读空间，依托原中共重庆市委会办公大楼旧址（重庆市文物保护单位），建成开放全国首家考古类书院——枇杷山（考古）书院，推动各类考古资料、历史典籍向社会开放共享，涵养社会历史文化底蕴。书院设计按照“在历史中阅读优美文化，在文物里感受优秀传统”的理念，立足“六美”，即空间美、布局美、形象美、符号美、活动美、价值美，将考古发现的“巴蜀符号”与历史建筑特点相互融合，极具历史厚重感与视觉冲击感。书院目前在架图书3万余册，常年开展专家讲座、文化讲坛、阅读交流等活动，有力提升区域内文化氛围，成为重庆历史文化的“知识窗”、学术交流的“大讲坛”，2022年获评“书香重庆”活动“十佳最美阅读空间”。

枇杷山书院匾额

枇杷山书院——旋转楼梯及巴蜀图语墙

三峡文物保护成果专柜

“重庆考古少年团”参观展览

四　创新考古知识谱系多矩阵传播

借助前沿科学技术力量，打破场地、空间限制，建成全国首个考古虚拟展示体验馆。综合运用3D全息投影、全景五面屏、三维扫描、VR等数字技术，给文物“插上科技的翅膀”，实现考古现场、文物标本三维数字化重现。通过沉浸式互动体验，激发公众学习热情，加深对中华文明的认识。自开放以来，接待研学体验人数3万余人次，团体组织50余组，多个考古成果数字化展陈项目获得公众的一致好评。以“科技·人类·文物”为主题，首创生物考古、文物修复透明工作坊，全流程实况展示考古与修复，推动公众更好树立文物保护意识。

文创伞

考古虚拟展示体验馆

青少年体验3D全息投影

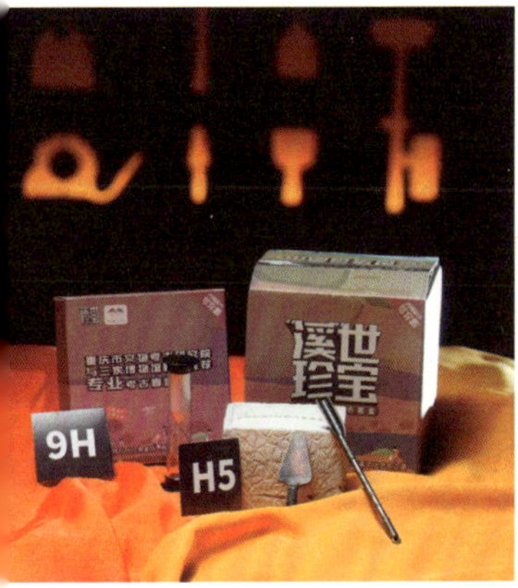

“溪世珍宝”考古盲盒

鸟形尊烟熏炉

文创手提袋

五　创新考古IP多途径创造转化

围绕打响“重庆考古”品牌，以确保知识产权为前提，向社会企业开放授权“重庆考古”IP，成功培育“考古咖啡”“探古咖啡”品牌店铺；通过提取巴文化、大溪文化文物元素，设计开发鸟形尊烟熏炉、“溪世珍宝”考古盲盒、巴蜀图语文创伞、吸附式文物修复益智教具等20多种巴文化特色文创产品，推动考古遗产资源资创新活化，让更多精美文物多姿多彩地“飞入寻常百姓家”，不断满足人民精神文化需求。

重庆市文物考古研究院立足考古主责主业，贯彻落实新时代文物工作要求和“大考古”工作理念，依托实际、因地制宜，从考古工作者的视野和角度，挖掘与阐释文物和文化遗产的多重价值，主动开放各类考古遗产资源，促进研究成果全民共享，努力让考古遗产形象更“靓”、巴渝文化更“活”、文旅融合更“火”，着力推动文物保护成果创造性转化、创新性发展，形成具有可借鉴性、可复制性、可操作性的考古成果活化利用经验。

盘活用好博物馆资源
开展青少年历史文化教育

陕西历史博物馆

馆、校、研、企多方力量

以研促学、以学带研、以研拓产

共研共创、共建共育、双师授课、双向发展

陕西历史博物馆致力于多手段、多角度、多侧面向广大观众提供多样化文化服务，展现中华民族博大精深的文明成就。近年来，陕西历史博物馆基于自身使命担当、馆藏优势及多年研究实践成果，联合校、研、企多方力量共同研发系列经典研学课程。先后被授予“陕西省青少年教育基地”“陕西省科普教育基地”“陕西省社会科学普及示范基地”“陕西省社科联全国中小学生研学实践教育基地”“全国科普教育基地”“全国爱国主义教育示范基地”等称号。“盛世壁藏”研学课程是近两年来陕西历史博物馆全力打造的一个馆校合作教育品牌，实现了馆校研企协同育人，建立了“以研促学、以学带研、以研拓产”的创新发展模式，实现了文物资源共用共建共享。

一　以研促学，制度与研究先行

2019年，陕西历史博物馆成功申报国家文物局首批博物馆进校园示范试点单位，起草《陕西省博物馆研学规范》，经多次专家论证，对全省博物馆研学活动的人员配置、基本要求、课程设计、教育服务等作了详细规定。陕西省文物局据此出台《关于规范陕西省博物馆研学旅行的指

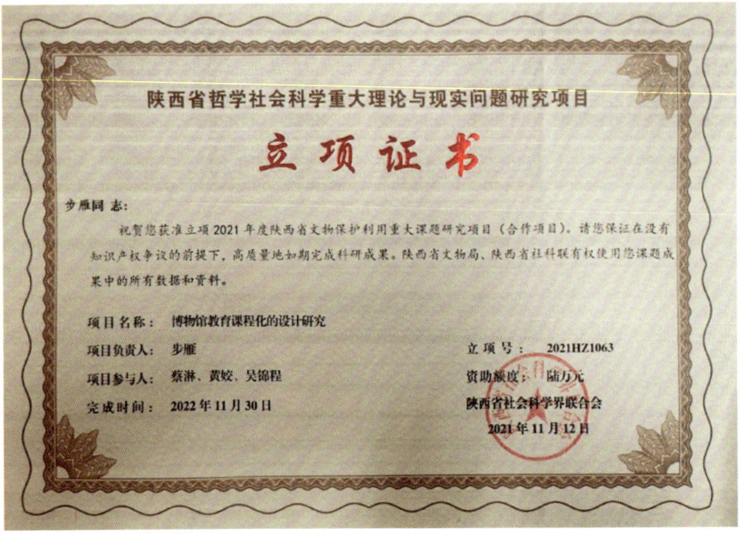

陕西省哲学社会科学重大理论与现实问题研究项目

立项证书

步雁同志：

祝贺您获准立项2021年度陕西省文物保护利用重大课题研究项目（合作项目）。请您保证在没有知识产权争议的前提下，高质量地如期完成科研成果。陕西省文物局、陕西省社科联有权使用您课题成果中的所有数据和资料。

项目名称：博物馆教育课程化的设计研究

项目负责人：步雁

项目参与人：蔡淋、黄姣、吴锦程

完成时间：2022年11月30日

立项号：2021HZ1063

资助额度：陆万元

陕西省社会科学界联合会

2021年11月12日

课题立项书

导意见》（以下简称《意见》），从业务指导上更加细化了博物馆研学的开发实施方式，为博物馆研学工作的开展提供了更为详尽的政策依据。在此基础上，陕西历史博物馆于2021年成功申报了陕西省哲学社会科学重大理论与现实问题研究项目《博物馆教育课程化的设计研究》，以博物馆研学为切口，推进“盛世壁藏”研学课程的开发实施工作。

二　以学带研，馆校研合作共建

“盛世壁藏”研学课程以馆藏资源为基础，同时加强博物馆与学校、科研机构等的合作，充分发挥陕西文博资源的优势，以趣味课题探究和实地体验相结合的形式，将各类文博资源串联起来，资源共享，优势互补。为确保“盛世壁藏”课程内容与形式完全贴合学校教育实际需求，按照《意见》要求，采取与学校全程合作的方式进行课程研发。课程选用具有丰富文化内涵、较好保存状况、完整时间序列以及较强故事性的唐墓壁画藏品，既能满足学校课程体系化开发的基本需要，还能够很好地帮助青少年学生多维度品味、学习和感知唐墓壁画，在诠释唐墓壁画的历史内涵和现实意义的同时，引导青少年学生了解唐代历史文化。开发过程通过学情分析、目标设定、大纲构建、内容设置等多个环节并进行反复论证，保证课程既能体现博物馆特色，又能满足学校教育的实际需求。除此之外，依托馆藏壁画保护修复与材料科学研究国家文物局重点科研基地的专家和研究成果等重要科研资源，从壁画研究的前沿、专业视角对课程内容进行严格把控，并且在后期为高年级的学生提供课题研究方面的经费资助与专业指导，全面保证研学课程的专业性和权威性。

向西安美院学生讲述唐墓壁画

为美院学生开展专场活动

为保证课程的开发实施能够常态化进行，课程由陕西历史博物馆社会教育团队专家和学校教育团队合作开发，共同实施，并依据相关规范定制馆校课程反馈机制，共享教研成果。课程结束后依据《意见》要求，对课程整体进行总结性评价，并根据评价结果对课程实施方式不断改进提升。

三　以研拓产，推动研学可持续发展

打造立体式研学教材，满足多元需求　立体式研学教材不仅包括研学手册，还配备有专用材料包，同时依据课程内容定制化打造线上情境式微课，为学生提供多种参与方式、多重具身体验。研学手册的设计，旨在将活动过程具体化、研学成果实物化，为学生提供研究性学习的思维支架；材料包内容包括教具、模型、体验工具等，为学生提供观察、思考、想象的空间，促进创新性思维的发展。课程充分发挥博物馆教学中实物教学的特点，通过“参与、互动、探究、体验”的模式，激发孩子们的观察力、想象力、创造力。另外，以前沿交互技术为载体，利用VR/AR技术，制作教育微视频，为青少年构建丰富立体的情景

视频课程截图

乾陵地宫探索

澳门大学学生体验课程

体验式数字课堂，扩大课程传播范围，提升课程的实施效果。

构建全套课程体系，拓宽学习场域　课程依据青少年认知发展水平和素质教育要求，为小初高等不同阶段学生构建菜单式学习资源。从唐墓壁画的绘制、修复、保护、展示等角度对接语文、历史、物理、化学等多种学科，再通过旅行探索将课程内容拓展延伸至各个文化领域。课程配合“唐代壁画文化特展走进港澳校园”“云游中华 · 博古通新”等活动走进港澳校园，使港澳地区青少年学生深入感知中华优秀传统文化的魅力及内地的文化遗产保护工作，加深其对中华优秀传统文化的感悟、对中华文明发展进程的思考，帮助他们增强对中华文化的认同、增进对伟大祖国的热爱。

馆企校研各司其职，实现社会效益和经济效益融合统一　通过国家文物局“博物馆进校园示范项目”和陕西省哲学社会科学重大理论与现实问题研究项目《博物馆教育课程化的设计研究》等课题探究，带动研学课程筹备及开发工作；同时利用陕西省财政厅、中共陕西省委宣传部下发陕西历史博物馆文化产业发展专项资金，将研学课程面向学校进行公益性实施，共投入经费 176 万元，形成了覆盖多年龄段、多学科、多渠道的系统性研学课

程。为打破馆校合作浅表化困境，使文物资源更好地面向青少年发挥教育作用，陕西历史博物馆通过成果共享打破学校与馆藏文物、考古遗址、科研基地等资源之间的利用壁垒，充分发挥博物馆资源供给主体作用、企业实施主体作用、学校需求主体作用、科研机构支撑主体作用，构建各主体相互协同的创新联合体，将课程内容外延至省内相关博物馆、考古遗址等，有效整合文博资源，突出研学旅行“知行合一”的课程特征。并利用企业优势形成博物馆研学区域和精品线路等文化产品，面向广大青少年教育市场进行推广，让青少年深入了解陕西文化特色和中华优秀传统文化内涵，做到“以文塑旅、以旅彰文”，实现优质教育资源的深度共享。还将课程内容及配套材料包以“盛世壁藏”品牌打包

壁画服饰体验

体验古代壁画颜料制作工艺

与敦煌研究院老师交流

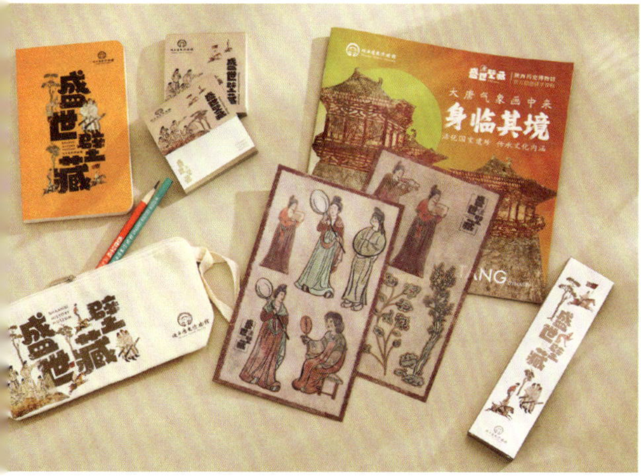

课程手册及部分材料包

推向市场，获得的经济收益用来优化提升课程，持续扩展课程的经济效益。截至目前，课程已为香港、澳门以及陕西省内近10所中小学提供40场研学服务，充分发挥了研学课程的社会效益和经济效益。

现阶段，“盛世壁藏”等系列经典研学课程研发成果为：4个主题8节课程，包括4节VR课程、4节线下课程，配套研发教材、专属材料包及8种教育文创产品。从2021年12月到2023年1月，共举办“盛世壁藏”研学线下课程40场，受众7000余人。其中两次配合“优秀历史文化走进港澳台校园”活动走进澳门科技大学、澳门大学开展20场，受众近5000人；在“云游中华·博古通新——陕西历史博物馆奇妙游”活动中，为香港6所小学300名师生提供“盛世壁藏”研学服务。课程实施后，多家媒体报道，社会反响良好，入选2022年度“全国文博社教优秀案例”。

陕西历史博物馆通过制定标准、建立馆校合作机制、搭建文物教育资源共享平台等措施，开发既能体现博物馆特色，又能满足学校教育实际需求的研学课程。调动博物馆、科研机构、考古研究院等多方资源支撑，实现了多角度、多层次、立体化向青少年群体展示中华优秀传统文化丰富内涵的目标任务，从理论和实践两个方面促进博物馆研学的规范化、标准化，为博物馆研学高质量发展提供了可借鉴、可推广的科学化经验模板。

加强社会化合作 构建“数字文物”产学研用体系

故宫博物院

全流程、全要素管理

“数字孪生智慧管理平台”

采集加工、研究利用、共享传播完整链条

博物馆数字文化资源的开放与共享是民众的迫切需求，也是博物馆实现社会服务职能的必然要求。故宫博物院作为集世界文化遗产、国家一级博物馆、5A级旅游景区为一体的综合性文化事业单位，持续开展文物数字化保护利用工作，致力于以数字形态传播故宫所承载的中华优秀传统文化，逐步构建起故宫“数字文物”体系，其主要功能板块包括文物数字化采集加工，管理利用全流程的系统化、标准化、智能化，以及基于数字文物的文化价值挖掘、阐释、展示和服务等。

一　标准编制：担纲制定文物数字化北京市地方标准

2021年国务院办公厅印发《“十四五”文物保护和科技创新规划》提出：要加强标准化建设，包括建立健全文物领域多层次标准体系，加快推进文物保护工程、文物数字化等重点领域标准制修订和应用。故宫博物院是文物数字标准的践行者和倡议者。自2019年以来，密切结合“基础影像采集”工作实践，制定了25类文物藏品的基础影像采集

规范，不断完善二维、三维文物数字化行业标准，发布了器物类文物三维数字化的北京市地方标准，完成行业标准《可移动文物二维数字化采集与加工》的编写，为推动社会力量参与文物数字化发展提供了标杆和遵循。故宫博物院每年以8万件/套的速度开展藏品影像采集工作，效率提升超过300%，有效缓解了藏品数量巨大和人手不足的突出矛盾。

二　技术传递：构建新型“数字文物”生产中心

科技的融入解锁了文物本体与信息之间的关系，为文物创造了另一个“数字化身份”。多年来，故宫博物院致力于推出高质量线上数字项目，2015年2月发布“每日故宫”APP，总浏览量超4.6亿人次；2019年7月，推出线上数字文物项目“数字文物库”，公开186余万件藏品的基本信息，并向社会免费提供了5万件文物的高清数字影像。以此扩大文物数据资源开放力度，激活数字文物的价值。该项目引入了“中国古代可移动文物知识图谱”，文物的名称、朝代、类别及有关联的词汇均可作为检索条件，大幅降低检索难度。高清的数字影像，让用户可以逐级放大欣赏纤毫毕现的细节，很大程度满足了公众学习、研究、观赏文物的需求，为创意设计提供了丰富资源，也为文物保护工作提供支撑。

自2021年起，为提升文物数字化工作效率和安全性，故宫博物院联合腾讯公司，构建故宫文物采集中心的“数字孪生智慧管理平台”，实现“数字文物”采集加工的全流程、全要素高质量管理，并利用传感设备全面监测室内温湿度、能源、通风等环境参数，针对不同材质文物进行环境调节。2023年5·18国际博物馆日，又推出了“故宫·腾讯联合创新实验室”。

“数字文物库”作为国家文化和旅游部“应用于人工智能搜

故宫博物院“数字文物库”

“故宫·腾讯联合创新实验室”数字孪生智慧管理平台

“故宫·腾讯联合创新实验室”
文物二维影像采集区

“故宫·腾讯联合创新实验室”
文物三维影像采集区

索的可移动文物‘概念参考模型’研究”项目成果，同样设置了检索功能，其范围包括文物的名称、朝代、类别及有关联的一些词汇，尽最大努力满足大众观赏、学习、研究文物的需求。2023年7月，原故宫博物院英文网站全面升级为故宫博物院多语种网站，涵盖英、法、俄、日、西五个语种，将与故宫中文网站、故宫青少网站一同构建成为故宫面向海内外公众的网络平台和服务窗口，为全世界受众提供更加丰富的内容、更加多元的服务，借助网络平台优势完善文物价值延伸途径，全面提升中华优秀传统文化的国际传播效能。

三　多元融合：阐释文物与文化遗产的多重价值

数字文物互联共融激活了文物持久的生命力，有助于深入挖掘文物价值，推进文物资源与科技创新成果更好地融合发展。故宫博物院依托数字化载体将文物和古建筑转化成“可以翻看的故事”，打造线上“数字故宫”，打破时空界限，展现古代文化技艺，让历史文化以更加时尚优美的姿态呈现给公众。2021年12

“故宫·腾讯联合创新实验室”
文物视频采集区

月，故宫博物院基于超高精度二维和三维“数字文物”资源，提取藏品中的传统纹样要素，结合人工智能等算法，与腾讯公司合作开发“‘纹’以载道——故宫腾讯沉浸式数字体验展”为观众展示传统文化中的纹饰之美，2个月共接待观众7.7万人次。

目前，最新开发建设的“大高玄殿数字馆”也即将开放，这是故宫数字展览的3.0版，有望实现“文物数据库”与“数字展厅”的实时联通，并将开发虚拟策展系统和“数字展柜”系统，运用知识图谱等技术，使陈列的“数字文物”可以关联到相关时代、作者、工艺的藏品，极大拓展展览的深度和广度。

文物“数字展柜”

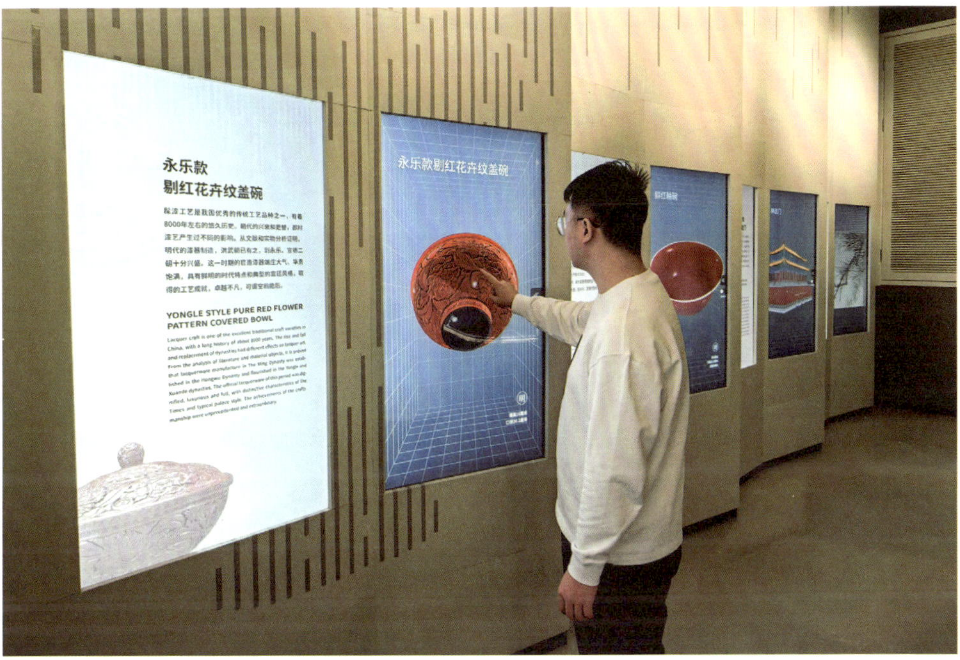

四　开放共享：推动高质量“数字文物”赋能公众美好生活

从世界范围看，博物馆数字文化资源的开放已成为大势所趋。藏品信息资源的有效应用，可以推动博物馆从“实物导向”向“信息导向”转变，实现“藏品实物不可再生，但数字化藏品信息资源可以无限开发利用”的新模式、新理念，从而提升博物馆的社会职能，为博物馆事业的繁荣发展开辟更广阔的空间。但博物馆数字文化资源的全面开放共享绝非一朝一夕之功，更不会一蹴而就，它需要结合经济社会的发展阶段、广大公众的文化需求状况、博物馆的数字文化资源建设能力等实际，逐步建立完善博物馆数字文化资源开放共享的顶层设计与制度体系。虽然我国博物馆界已经积极加入到这一行动中，但事实上开放与共享的情况参差不齐，普遍存在开放数量少、程度低、质量差等问题。2019年7月，故宫博物院在官方网站发布系列“数字文物”产品，包括超过10万件/套高清文物影像的“数字文物库”，单件藏品超10亿像素的“故宫名画记”、超4K精度的三维“数字多宝阁”、覆盖故宫全部开放区域的“全景故宫”。截至2023年5月，“数字文物库”浏览量累计超过3300万次，该项目还引入了“中国古代可移动文物知识图谱”，为公众欣

中国古代可移动文物知识图谱

数字文物库发布超过10万件/套高清文物影像

赏、学习、研究、创意设计等需求提供了丰富的基础资源。随着“数字故宫”建设步伐的加快，“数字多宝阁”“故宫名画记”等文物展示平台以及“故宫博物院”小程序、“每日故宫”应用程序等一系列文物数字化产品持续发力，将故宫文物搬上“云端”，实现文物数字化保护成果的开放共享，已成为落实国家文化数字化战略、构建国家文化大数据体系的提升行动和生动实践。

故宫博物院坚持以文化为核心，以文物为资源，以共享为引领，以创意为手段，以科技为支撑，从文物数字互联发展新视角，融合科技与新媒体领域的社会力量，创新文物价值阐释理念、传播渠道和公众服务模式，延伸文物价值应用领域及范围。当前，利用数字技术推进故宫博物院的历史文化传播已成为时代发展的重要途径和必然选择，也是故宫数字文物资源向全社会开放共享的重要方式和根本途径，让大众在博物馆文化成果的持续滋养与熏陶中更好地认知中华文明，增强文化自信，并在更广领域扩大中华文化的国际传播力和影响力。